AF834557

www.ingramcontent.com/pod-product-compliance
Lightning Source LLC
LaVergne TN
LVHW070621061026
849580LV00019B/2957

9789696310440

مَدَنی مُنّوں کے لیے بنیادی اسلامی معلومات پر مُشتمل منفرد کتاب

مَدَنی نِصاب

برائے

ناظِرہ

پیش کش

مَجلِس مَدرَسۃُ المَدِیْنَۃ

مَجلِس اَلْمَدِیْنَۃُ الْعِلْمِیَۃ

(شعبہ اِصلاحی کُتُب)

دعوتِ اسلامی

ناشر

مکتبۃُ المدینہ کراچی

اَلصَّلٰوۃُ وَالسَّلَامُ عَلَیْکَ یَا رَسُوْلَ اللہ وَعَلٰی اٰلِکَ وَاَصْحٰبِکَ یَا حَبِیْبَ اللہ

نام کتاب: مَدَنی نِصاب برائے ناظِرہ

پیش کش: مجلس مَدْرَسَۃُ الْمَدِیْنَہ، مجلس اَلْمَدِیْنَۃُ الْعِلْمِیہ

پہلی تا بارہویں بار:	١٤٣٣ھ/2012ء تا ١٤٤١ھ/2019ء	تعداد: 365000 (تین لاکھ پینسٹھ ہزار)
تیرہویں بار:	ربیع الآخر ١٤٤٢ھ، دسمبر 2020ء	تعداد: 10000 (دس ہزار)
چودہویں بار:	جمادی الاخریٰ ١٤٤٢ھ، فروری 2021ء	تعداد: 20000 (بیس ہزار)
پندرہویں بار:	رمضان المبارک ١٤٤٢ھ، اپریل 2021ء	تعداد: 25000 (پچیس ہزار)
سولہویں بار:	محرم الحرام ١٤٤٣ھ، اگست 2021ء	تعداد: 25000 (پچیس ہزار)
سترہویں بار:	ربیع الآخر ١٤٤٣ھ، نومبر 2021ء	تعداد: 25000 (پچیس ہزار)
اٹھارہویں بار:	صفر المظفر ١٤٤٤ھ، ستمبر 2022ء	تعداد: 30000 (تیس ہزار)
انیسویں بار:	شعبان المعظم ١٤٤٤ھ، فروری 2023ء	تعداد: 30000 (تیس ہزار)

تصدیق نامہ

تاریخ: ٦ جمادی الاخریٰ ١٤٣٣ھ حوالہ نمبر: ١٦٨

اَلْحَمْدُ لِلّٰہِ رَبِّ الْعٰلَمِیْنَ وَالصَّلٰوۃُ وَالسَّلَامُ عَلٰی سَیِّدِ الْمُرْسَلِیْنَ وَعَلٰی اٰلِہٖ وَاَصْحَابِہٖ اَجْمَعِیْنَ

تصدیق کی جاتی ہے کہ کتاب

”مَدَنی نصاب برائے ناظرہ“

(مطبوعہ: مَکْتَبَۃُ الْمَدِیْنَہ) پر مجلس تفتیش کتب ورسائل کی جانب سے نظر ثانی کی کوشش کی گئی ہے۔ مجلس نے اسے مطالب ومفاہیم کے اعتبار سے مقدور بھر ملاحظہ کرلیا ہے، البتہ کمپوزنگ یا کتابت کی غلطیوں کا ذمہ مجلس پر نہیں۔

مجلس تفتیش کتب ورسائل (دعوتِ اسلامی)

28 - 04 - 2012

بسم اللہ الرحمن الرحیم
شعبہ
تفتیشِ کتب و رسائل
فیضان مدینہ پرانی سبزی منڈی کراچی

E.mail : Ilmia@dawateislami.net

ضمنی فہرست

مَدَنی نِصاب برائے ناظرہ

تفصیلی فہرست	4	اچھے اور برے کام	71
المدینۃ العلمیہ (تعارف)	7	مدنی ماہ	89
پہلے اسے پڑھ لیجئے	9	دعوت اسلامی	93
حمد شریف	10	منقبت عطار	95
نعت شریف	13	اوراد و وظائف	96
اذکار	14	منقبت غوث اعظم	97
دعائیں	20	مناجات	99
ایمانیات وعقائد	24	صلوۃ وسلام	101
عبادات	45	دعا	103
مدنی پھول	57	ماخذ ومراجع	104
اخلاقیات	66		

نام مَدَنی منّا .... ولدیت ....

مدرسہ ....

درجہ ....

پتہ ....

....

فون نمبر گھر .... موبائل نمبر ....

تفصیلی فہرست

مَدَنی نِصاب برائے ناظرہ

مضمون	صفحہ نمبر
المدینۃ العلمیہ (تعارف)	7
پہلے اسے پڑھ لیجئے	9
حمد شریف	
عَمَل کا ہو جذبہ عطا یاالٰہی	10
نعت شریف	
سچّی بات سِکھاتے یہ ہیں	13
اَذکار	
نماز	14
سورۃُ الفاتحہ	14
سورۃُ الاخلاص	14
رُکُوع کی تسبیح	15
تَسمِیع (رکوع سے اُٹھتے ہوئے)	15
تَحْمِید	15
سَجدہ کی تسبیح	15
تَشَھُّد	16
درودِ ابراہیمی	16
دُعائے ماثورہ	17
خُرُوج بِصُنْعِہٖ	17

مضمون	صفحہ نمبر
چوتھا کلمہ تَوحید	18
پانچواں کلمہ اِستغفار	18
چھٹّا کلمہ رَدِّ کُفر	19
دُعائیں	
عِلم میں اِضافے کی دُعا	20
دُودھ پینے کی دُعا	20
بیتُ الخلا میں جانے سے پہلے کی دُعا	20
بیتُ الخلاسے باہر نکلنے کے بعد کی دُعا	20
آئینہ دیکھتے وقت کی دُعا	21
سُرمہ لگاتے وقت کی دُعا	21
مُسلمان کو مُسکراتا دیکھ کر پڑھنے کی دُعا	21
تیل اور عِطر لگاتے وقت کی دُعا	21
مَسجد میں داخِل ہونے کی دُعا	22
مسجد سے نکلتے وقت کی دُعا	22
چھینک آنے پر پڑھنے کی دُعا	22
چھینکنے والے کا جواب دینے کی دُعا	22
گھر سے نکلتے وقت کی دعا	23
گھر میں داخل ہوتے وقت کی دُعا	23

مضمون	صفحہ نمبر
ایمانیات وعقائد	
اللہ عَزَّوَجَلَّ	24
ہمارے پیارے نبی صَلَّی اللہُ تعَالٰی عَلَیْہِ وَاٰلِہٖ وَسَلَّم	25
اَرکانِ اسلام	26
فِرِشتے	28
اَنبیائے کرام عَلَیْہِمُ السَّلَام	29
معجزاتِ انبیائے کرام عَلَیْہِمُ السَّلَام	30
آسمانی کِتابیں	32
قرآن مجید	33
تِلاوت قرآن	34
صَحابۂ کِرام عَلَیْہِمُ الرِّضْوَان	37
اَولیائے کرام رَحِمَہُمُ اللہُ السَّلَام	39
کرامات صحابہ واَولیائے کِرام	41
عِبادات	
وُضو	45
وُضو کا طریقہ	45
جنت کے آٹھوں دروازے کھل جاتے ہیں	47
وُضو کے بعد سورۂ قدر پڑھنے کے فضائل	47
نظر کبھی کمزور نہ ہو	47
دَھونے کی تعریف	47

مضمون	صفحہ نمبر
اَذان	48
نماز کی شرائط	49
نماز کے فرائض	50
نماز کا طریقہ	52
نعت شریف	
مَدَنی مدینے والے	56
مدنی پھول	
ہاتھ مِلانے کے مدنی پھول	57
ناخُن کاٹنے کے مدنی پھول	59
گھر میں آنے جانے کے مدنی پھول	61
جُوتے پہننے کے مدنی پھول	62
لِباس پہننے کے مدنی پھول	62
سُرمہ لگانے کے مدنی پھول	63
تیل لگانے کے مدنی پھول	64
کنگھا کرنے کے مدنی پھول	64
بیتُ الخلا میں آنے جانے کے مدنی پھول	65
اخلاقیات	
مَسجد کے آداب	66
مُرشِد کے آداب	67
والدین کا اَدب واحترام	68

مضمون	صفحہ نمبر
اُستاد کا اَدب واِحترام	69
اَچھے اور بُرے کام	
جھوٹ کا بیان	71
جھوٹ کی تعریف	71
جھوٹ کی سزا	71
جھوٹ کے مزید نقصانات ملاحظہ کیجئے	75
سچ کی برکت	80
جھوٹ اور خدا کی ناراضی	82
جھوٹ نفاق کی علامت ہے	83
گالی دینے کی سزا	84
نعت شریف	
قِسمت میری چمکایئے	88
مَدنی ماہ	
مُبارک اسلامی مہینے	89
دعوتِ اِسلامی	
بانئ دعوتِ اسلامی امیرِ اہلسنت دَامَتْ بَرَکَاتُہُمُ الْعَالِیَہ	93

مضمون	صفحہ نمبر
مَنقبتِ عطار	
سنّت کو پھیلایا ہے امیرِ اہلسنّت نے	95
اَوراد ووظائف	
یاقَادِرُ	96
یامُمِیتُ	96
یامَاجِدُ	96
یاوَاجِدُ	96
دُرودِ رِضویہ شریف	96
منقبتِ غوث ِاعظم	
یاغوث! بلاؤ مجھے بغداد بلاؤ	97
مُناجات	
یارب محمد میری تقدیر جگادے	99
صلوٰۃ وسلام	
تاجدارِ حرم اے شہنشاہِ دِیں	101
دُعا	
دُعا کے مدنی پھول	103
ماخذ ومراجع	104

جنت کی بشارت

حضرتِ سیِّدُنا ابوالدرداء رَضِیَ اللہُ تَعَالٰی عَنْہ فرماتے ہیں کہ میں نے عرض کی: **یارسولَ اللّٰہ** صَلَّی اللہُ تَعَالٰی عَلَیْہِ وَاٰلِہٖ وَسَلَّم! مجھے کوئی ایسا عمل ارشاد فرمایئے جو مجھے جنّت میں داخِل کردے؟ سرکارِ مدینہ، قرارِ قلب وسینہ صَلَّی اللہُ تَعَالٰی عَلَیْہِ وَاٰلِہٖ وَسَلَّم نے ارشاد فرمایا: غُصّہ نہ کرو، تو تمہارے لئے جنّت ہے۔ (مجمع الزوائد، ج۸، ص ۱۳۴ حدیث ۱۲۹۹۰ دارالفکر بیروت)

اَلْحَمْدُ لِلّٰهِ رَبِّ الْعٰلَمِیْنَ وَالصَّلٰوةُ وَالسَّلَامُ عَلٰی سَیِّدِ الْمُرْسَلِیْنَ
اَمَّا بَعْدُ! فَاَعُوْذُ بِاللّٰهِ مِنَ الشَّیْطٰنِ الرَّجِیْمِ ط بِسْمِ اللّٰهِ الرَّحْمٰنِ الرَّحِیْمِ ط

اَلْمَدِیْنَةُ الْعِلْمِیَّة

از: شیخِ طریقت، امیرِ اہلسنّت، بانیٔ دعوتِ اسلامی حضرت علّامہ
مولانا ابو بلال **محمد الیاس عطّار** قادری رَضَوی ضیائی

اَلْحَمْدُ لِلّٰهِ عَلٰی اِحْسَانِهٖ وَ بِفَضْلِ رَسُوْلِهٖ صَلَّی اللّٰهُ تَعَالٰی عَلَیْهِ وَاٰلِهٖ وَسَلَّم **تبلیغِ قرآن و سنّت کی عالمگیر غیر سیاسی تحریک "دعوتِ اسلامی"** نیکی کی دعوت، اِحیائے سنّت اور اشاعتِ علمِ شریعت کو دنیا بھر میں عام کرنے کا عزمِ مُصَمَّم رکھتی ہے، اِن تمام اُمور کو بحسنِ خوبی سر انجام دینے کے لئے مُتَعَدَّد مجالِس کا قیام عمل میں لایا گیا ہے جن میں سے ایک مجلس **"المدینة العلمیة"** بھی ہے جو **دعوتِ اسلامی** کے عُلما و مُفتیانِ کرام کَثَّرَهُمُ اللّٰهُ تَعَالٰی پر مُشتَمِل ہے، جس نے خالص علمی، تحقیقی اور اشاعتی کام کا بیڑا اٹھایا ہے۔

اس کے مندرجہ ذیل چھ شعبے ہیں:

(۱) شعبۂ کُتُبِ اعلیٰ حضرت
(۲) شعبۂ دَرسی کُتُب
(۳) شعبۂ اِصلاحی کُتُب
(۴) شعبۂ تراجِمِ کُتُب
(۵) شعبۂ تفتیشِ کُتُب
(٦) شعبۂ تخریج

"المدینة العلمیة" کی اَوّلین ترجیح سرکارِ اعلیٰ حضرت، اِمامِ اَہلسنّت، عظیمُ البَرَکت، عظیمُ المَرْتبت، پروانۂ شمعِ رِسالت، مُجَدِّدِ دین و مِلَّت، حامیٔ سنّت، ماحیٔ بِدعت، عالِمِ شَرِیْعت، پیرِ طریقت،

باعثِ خَیر و بَرَکت، حضرتِ علّامہ مولٰینا اَلحاج اَلحافِظ اَلقاری شاہ امام اَحمد رَضا خان عَلَیْہِ رَحمَۃُ الرَّحْمٰن کی گِراں مایہ تصانیف کو عصرِ حاضر کے تقاضوں کے مطابِق حتَّی الْوَسْع سَہْل اُسلُوب میں پیش کرنا ہے۔ تمام اسلامی بھائی اور اسلامی بہنیں اِس عِلمی، تحقیقی اور اِشاعتی مَدَنی کام میں ہر ممکن تعاوُن فرمائیں اور **مجلس** کی طرف سے شائع ہونے والی کُتُب کا خود بھی مُطالَعہ فرمائیں اور دوسروں کو بھی اِس کی ترغیب دلائیں۔

اللّٰہ عَزَّوَجَلَّ ”**دعوتِ اسلامی**“ کی تمام مجالِس بَشُمُول ”**المدینۃ العلمیۃ**“ کو دن گیارہویں اور رات بارہویں ترقّی عطا فرمائے اور ہمارے ہر عملِ خیر کو زیورِ اِخلاص سے آراستہ فرما کر دونوں جہاں کی بھلائی کا سبب بنائے۔ ہمیں زیرِ گنبدِ خضرا شہادت، جنّتُ البقیع میں مدفن اور جنّت الفردوس میں جگہ نصیب فرمائے۔

اٰمِین بِجاہِ النَّبِیِّ الْاَمِین صَلَّی اللّٰہُ تَعَالٰی عَلَیْہِ وَاٰلِہٖ وَسَلَّم

تعریف اور سعادت

حضرت سیِّدُنا امام **عبد اللّٰہ** بن عمر بیضاوی عَلَیْہِ رَحمَۃُ اللّٰہِ الْقَوِی (متوفّٰی ۶۸۵ھ) ارشاد فرماتے ہیں: ”جو شخص **اللّٰہ** عَزَّوَجَلَّ اوراس کے رسول صَلَّی اللّٰہُ تَعَالٰی عَلَیْہِ وَاٰلِہٖ وَسَلَّم کی فرمانبرداری کرتا ہے دُنیا میں اس کی تعریفیں ہوتی ہیں اور آخرت میں سعادت مندی سے سرفراز ہوگا۔“

(تفسیر البیضاوی، پ ۲۲، الاحزاب، تحت الآیۃ: ۷۱، ج ۴، ص ۳۸۸)

پہلے اسے پڑھ لیجئے

قرآنِ مجید اللہ عَزَّوَجَلَّ کی آخری کتاب ہے، اس کو پڑھنے اور اس پر عمل کرنے والا دونوں جہاں میں کامیاب وکامران ہوتا ہے۔ **اَلْحَمْدُ لِلّٰہ** عَزَّوَجَلَّ تبلیغ قرآن وسنّت کی عالمگیر غیر سیاسی تحریک **دعوتِ اسلامی** کے تحت اندرون و بیرون ملک حفظ و ناظرہ کے لاتعداد مدارس بنام **مدرسۃ المدینہ** قائم ہیں۔صرف پاکستان میں تادمِ تحریر کم وبیش 75 ہزار مدَنی مُنّے اور مَدَنی مُنّیوں کو حفظ وناظرہ کی مفت تعلیم دی جارہی ہے۔ان مدارس میں قرآنِ کریم کے ساتھ ساتھ دینی معلومات اور تربیت پر بھی خصوصی توجہ دی جاتی ہے تاکہ **مدرسۃ المدینہ** سے فارغ ہونے والا طالب علم تعلیمِ قرآن کے ساتھ ساتھ دین اسلام کی تعلیمات سے بھی روشناس ہو اور اس میں علم وعمل دونوں رنگ نظر آئیں، وہ حسنِ اخلاق کا پیکر ہو، اچھائی اور برائی کی پہچان رکھتا ہو، بُری عادتوں سے پاک اور اچھے اوصاف کا مالک ہو اور بڑا ہو کر معاشرے کا ایسا باکردار مسلمان بنے کہ عمر بھر اپنی اور ساری دنیا کے لوگوں کی اصلاح کی کوشش میں مصروف رہے۔

شعبۂ ناظرہ میں کم عمر مدنی منّے زیرِ تعلیم ہوتے ہیں چنانچہ ان کی ذہنی سطح کے مطابق ایسا نصاب پیش کیا جارہا ہے جس میں ابتدائی دینی معلومات تعوذ، تسمیہ، ثنا، مختصر آسان دعائیں، بنیادی عقائد، دیگر ضروری مسائل، معلوماتِ عامہ میں آسمانی کتابیں، انبیائے کرام عَلَیْہِمُ السَّلَام اور صحابہ واولیائے کرام عَلَیْہِمُ الرِّضْوَان کے متعلق ابتدائی معلومات موجود ہیں۔

"نصابِ ناظرہ" کی پیشکش کا سہرہ **مجلس مدرسۃ المدینہ** اور **مجلس المدینۃ العلمیہ** کے سر ہے جبکہ **دارالافتاء اہلسنت** سے اس کی شرعی تفتیش کروائی گئی ہے۔

یہی ہے آرزو تعلیمِ قرآں عام ہو جائے
ہر اک پرچم سے اُونچا پرچمِ اسلام ہو جائے

مَجلِس مَدرَسَۃُ المَدِینہ
مَجلِس اَلْمَدِینَۃُ العِلمِیہ

عَمَل کا ہو جَذْبہ عطا یا الٰہی [1]

عَمَل کا ہو جذبہ عطا یا الٰہی
گُناہوں سے مجھ کو بچا یا الٰہی

میں پانچوں نَمازیں پڑھوں باجماعت
ہو توفیق ایسی عطا یا الٰہی

پڑھوں سنَّتِ قَبلیہ وقْت ہی پر
ہوں سارے نوافِل ادا یا الٰہی

دے شوقِ تِلاوت دے ذَوقِ عبادت
رہوں باوُضو میں سدا یا الٰہی

---

[1] ......وسائلِ بخشش، ص ۵۰

ہمیشہ نگاہوں کو اپنی جھکا کر
کروں خاشِعانہ دُعا یا الٰہی

ہو اَخلاق اچّھا ہو کردار سُتھرا
مُجھے مُتَّقی تُو بنا یا الٰہی

غُصِیلے مِزاج اور **تَمَسخُر** کی خَصلت
سے مُجھ کو بچا لے بچا یا الٰہی

نہ "نیکی کی دعوت" میں سستی ہو مُجھ سے
بنا شائقِ قافِلہ یا الٰہی

سعادت ملے درسِ "فیضانِ سُنّت"
کی روزانہ دو مرتبہ یا الٰہی

میں مِٹّی کے سادہ سے برتن میں کھاؤں
چٹائی کا ہو بِسْتَرا یا الٰہی

ہے عالِم کی خدمت یقیناً سعادت
ہو توفیق اِس کی عطا یا الٰہی

"صدائے مدینہ" دوں روزانہ صدقہ
ابوبکر و فاروق کا یا الٰہی

میں نیچی نگاہیں رکھوں کاش اکثر
عطا کر دے شرم و حیا یا الٰہی

ہمیشہ کروں کاش پردے میں پردہ
تُو پیکر حیا کا بنا یا الٰہی

لباس سُنّتوں سے مُزَیَّن رہے اور
عِمامہ ہو سر پر سجا یا الٰہی

سبھی مُشت داڑھی و گیسو سجائیں
بنیں عاشقِ مصطفٰے یا الٰہی

ہر اِک "مَدَنی اِنْعام" عطار پائے
کرم کر پئے مصطفٰے یا الٰہی

دن کا اعلان

حضرتِ سیِّدُنا امام بیہقی عَلَیْہِ رَحمَۃُ اللّٰہِ الْقَوِی **شُعَبُ الایمان** میں نقل کرتے ہیں: سرکارِ نامدار، مدینے کے تاجدار صَلَّی اللّٰہُ تَعَالٰی عَلَیْہِ وَاٰلِہٖ وَسَلَّم کا فرمانِ عبرت نشان ہے: روزانہ صبح جب سورج طلوع ہوتا ہے تو اُس وقت دن یہ اعلان کرتا ہے: **اگر آج کوئی اچّھا کام کرنا ہے تو کرلو کہ آج کے بعد میں کبھی پلٹ کر نہیں آؤں گا۔**

(شعب الایمان، الحدیث: ٣٨٤٠، ج ٣، ص ٣٨٦)

نعتِ مصطفیٰ صلی اللہ علیہ وسلم [1]

سچی بات سکھاتے یہ ہیں   سیدھی راہ چلاتے یہ ہیں
اِنَّآ اَعْطَیْنٰکَ الْکَوْثَرَ   ساری کثرت پاتے یہ ہیں
ٹھنڈا ٹھنڈا میٹھا میٹھا   پیتے ہم ہیں پلاتے یہ ہیں
رنگے بے رنگوں کا پردہ   دامن ڈھک کے چھپاتے یہ ہیں
ماں جب اکلوتے کو چھوڑے   آ آ کہہ کے بلاتے یہ ہیں
باپ جہاں بیٹے سے بھاگے   لطف وہاں فرماتے یہ ہیں
لاکھ بلائیں کروڑوں دشمن   کون بچائے بچاتے یہ ہیں
اپنی بنی ہم آپ بگاڑیں   کون بنائے؟ بناتے یہ ہیں
کہہ دو رَضا سے خوش ہو خوش رہ
مُژدہ رِضا کا سناتے یہ ہیں

[1] ......حدائقِ بخشش از امامِ اہلسنّت اعلیٰ حضرت مولانا شاہ احمد رضا خان عَلَیْہِ رحمۃ الرحمٰن، حصہ اول، ص ۱۷۰

اَذکار

(نماز)

سُورۃُالفاتحہ

بِسۡمِ اللّٰہِ الرَّحۡمٰنِ الرَّحِیۡمِ

اللہ کے نام سے شروع جو نہایت مہربان رحم والا

اَلۡحَمۡدُ لِلّٰہِ رَبِّ الۡعٰلَمِیۡنَ ۙ﴿۱﴾ الرَّحۡمٰنِ
الرَّحِیۡمِ ۙ﴿۲﴾ مٰلِكِ یَوۡمِ الدِّیۡنِ ؕ﴿۳﴾ اِیَّاكَ
نَعۡبُدُ وَ اِیَّاكَ نَسۡتَعِیۡنُ ؕ﴿۴﴾ اِہۡدِنَا
الصِّرَاطَ الۡمُسۡتَقِیۡمَ ۙ﴿۵﴾ صِرَاطَ الَّذِیۡنَ
اَنۡعَمۡتَ عَلَیۡہِمۡ ۬ۙ غَیۡرِ الۡمَغۡضُوۡبِ عَلَیۡہِمۡ وَ لَا الضَّآلِّیۡنَ ٪﴿۷﴾

ترجمۂ کنزالایمان: سب خوبیاں اللہ کو جو مالک سارے جہان والوں کا۔ بہُت مہر بان رَحمت والا، روزِ جزا کا مالِک۔ ہم تجھی کو پوجیں اور تجھی سے مدد چاہیں۔ ہم کو سیدھا راستہ چلا، راستہ اُن کا جن پر تُو نے اِحسان کیا، نہ اُن کا جن پر غَضَب ہوا اور نہ بہکے ہوؤں کا۔

سُورۃُالاخلاص

بِسۡمِ اللّٰہِ الرَّحۡمٰنِ الرَّحِیۡمِ

اللہ کے نام سے شروع جو نہایت مہربان رحم والا

قُلْ هُوَ اللّٰهُ اَحَدٌ ۝١ اَللّٰهُ الصَّمَدُ ۝٢ لَمْ يَلِدْ ۙ وَلَمْ يُوْلَدْ ۝٣ وَ
لَمْ يَكُنْ لَّهٗ كُفُوًا اَحَدٌ ۝٤

ترجمۂ کنزالایمان: تم فرماؤ وہ اللہ ہے وہ ایک ہے۔ اللہ بے نیاز ہے۔
نہ اُس کی کوئی اولاد اور نہ وہ کسی سے پیدا ہوا، اور نہ اُس کے جوڑ کا کوئی۔

رُکوع کی تسبیح

سُبْحٰنَ رَبِّيَ الْعَظِيْمِ ط

ترجمہ: پاک ہے میرا عظمت والا پروردگار۔

تسمیع (رُکوع سے اُٹھتے ہوئے)

سَمِعَ اللّٰهُ لِمَنْ حَمِدَهٗ

ترجمہ: اللہ عزّوجلّ نے اُس کی سن لی جس نے اُس کی تعریف کی۔

تحمید

اَللّٰهُمَّ رَبَّنَا وَلَكَ الْحَمْدُ

ترجمہ: اے اللہ! اے ہمارے مالک! سب خوبیاں تیرے ہی لیے ہیں۔

سجدے کی تسبیح

سُبْحٰنَ رَبِّيَ الْاَعْلٰى

ترجمہ: پاک ہے میرا پروردگار سب سے بُلند۔

تَشَهُّد

اَلتَّحِيَّاتُ لِلّٰهِ وَالصَّلَوٰتُ وَالطَّيِّبٰتُ ط اَلسَّلَامُ عَلَيْكَ اَيُّهَا النَّبِيُّ وَ رَحْمَةُ اللّٰهِ وَ بَرَكَاتُهٗ ط اَلسَّلَامُ عَلَيْنَا وَعَلٰى عِبَادِ اللّٰهِ الصّٰلِحِيْنَ ۝ اَشْهَدُ اَنْ لَّآ اِلٰهَ اِلَّا اللّٰهُ وَاَشْهَدُ اَنَّ مُحَمَّدًا عَبْدُهٗ وَ رَسُوْلُهٗ ۝

ترجمہ: تمام قولی، فعلی اور مالی عبادتیں **اللہ** عَزَّوَجَلَّ ہی کے لئے ہیں۔ سلام ہو آپ پر اے نبی (صَلَّی اللّٰہُ تَعَالٰی عَلَیْہِ وَاٰلِہٖ وَسَلَّم)! اور **اللہ** عَزَّوَجَلَّ کی رَحمتیں اور بَرَکتیں۔ سلام ہو ہم پر اور **اللہ** عَزَّوَجَلَّ کے نیک بندوں پر۔ میں گواہی دیتا ہوں کہ **اللہ** عَزَّوَجَلَّ کے سوا کوئی معبود نہیں اور میں گواہی دیتا ہوں کہ محمد (صَلَّی اللّٰہُ تَعَالٰی عَلَیْہِ وَاٰلِہٖ وَسَلَّم) اس کے بندے اور رسول ہیں۔

دُرُودِ اِبْرَاهِيْمِى

اَللّٰهُمَّ صَلِّ عَلٰى مُحَمَّدٍ وَّ عَلٰٓى اٰلِ مُحَمَّدٍ كَمَا صَلَّيْتَ عَلٰٓى اِبْرٰهِيْمَ وَعَلٰٓى اٰلِ اِبْرٰهِيْمَ اِنَّكَ حَمِيْدٌ مَّجِيْدٌ ۝

اَللّٰھُمَّ بَارِكْ عَلٰی مُحَمَّدٍ وَّ عَلٰٓی اٰلِ مُحَمَّدٍ كَمَا بَارَكْتَ عَلٰٓی اِبْرٰهِيْمَ وَ عَلٰٓی اٰلِ اِبْرٰهِيْمَ اِنَّكَ حَمِيْدٌ مَّجِيْدٌ ○

ترجمہ: اے **اللہ** عَزَّوَجَلَّ! دُرُود بھیج (ہمارے سردار) **محمد** صَلَّی اللّٰہُ تَعَالٰی عَلَیْہِ وَاٰلِہٖ وَسَلَّم پر اور ان کی آل پر۔ جس طرح تو نے دُرُود بھیجا (سیِّدُنا) ابراہیم عَلَیْہِ السَّلَام پر اور ان کی آل پر، **بیشک** تو سَراہا ہوا بُزُرگ ہے۔ اے **اللہ** عَزَّوَجَلَّ! بَرَکت نازِل کر (ہمارے سردار) **محمد** صَلَّی اللّٰہُ تَعَالٰی عَلَیْہِ وَاٰلِہٖ وَسَلَّم پر اور اُن کی آل پر جس طرح تُو نے بَرَکت نازِل کی (سیِّدُنا) ابراہیم عَلَیْہِ السَّلَام اور ان کی آل پر **بیشک** تو سَراہا ہوا بُزُرگ ہے۔

دُعائے ماثورہ

اَللّٰھُمَّ رَبَّنَآ اٰتِنَا فِی الدُّنْيَا حَسَنَةً وَّ فِی الْاٰخِرَةِ حَسَنَةً وَّ قِنَا عَذَابَ النَّارِ

ترجمہ: اے **اللہ** عَزَّوَجَلَّ! اے ہمارے ربّ! ہمیں دنیا میں بھلائی دے اور ہمیں آخرت میں بھلائی دے اور ہمیں عذابِ دوزخ سے بچا۔

خُرُوج بِصُنْعِہٖ:

اَلسَّلَامُ عَلَيْكُمْ وَرَحْمَةُ اللّٰهِ [1]

ترجمہ: تم پر سلامتی ہو اور **اللہ** عَزَّوَجَلَّ کی رحمت۔

[1] ......مراقی الفلاح مع حاشیۃ الطحطاوی، کتاب الصلاۃ، فصل فی کیفیۃ ترتیب، ص ۲۷۸ نماز کے احکام، ص ۱۸۱

چوتھا کَلِمہ تَوحِید

لَآ اِلٰهَ اِلَّا اللّٰهُ وَحْدَهٗ لَا شَرِيْكَ لَهٗ ط لَهُ الْمُلْكُ وَلَهُ الْحَمْدُ ط
يُحْيٖ وَيُمِيْتُ وَهُوَ حَيٌّ لَّا يَمُوْتُ اَبَدًا اَبَدًا ط ذُوالْجَلَالِ
وَالْاِكْرَامِ ط بِيَدِهِ الْخَيْرُ ط وَهُوَ عَلٰى كُلِّ شَيْءٍ قَدِيْرٌ ط

ترجمہ: **اللّٰہ** عَزَّوَجَلَّ کے سوا کوئی معبود نہیں وہ اکیلا ہے اس کا کوئی شریک نہیں اُسی کے لئے ہے بادشاہی اور اُسی کے لئے حمد ہے وُہی زندہ کرتا اور مارتا ہے اور وہ زندہ ہے اُس کو ہرگز کبھی موت نہیں آئے گی، بڑے جلال اور بُزُرگی والا ہے، اسی کے ہاتھ میں بھلائی ہے اور وہ ہر چیز پر قادر ہے۔

پانچواں کَلِمہ اِستِغفَار

اَسْتَغْفِرُ اللّٰهَ رَبِّيْ مِنْ كُلِّ ذَنْبٍ اَذْنَبْتُهٗ عَمَدًا اَوْ
خَطَأً ، سِرًّا اَوْ عَلَانِيَةً وَّاَتُوْبُ اِلَيْهِ مِنَ الذَّنْبِ
الَّذِيْ اَعْلَمُ وَمِنَ الذَّنْبِ الَّذِيْ لَآ اَعْلَمُ اِنَّكَ
اَنْتَ عَلَّامُ الْغُيُوْبِ وَسَتَّارُ الْعُيُوْبِ وَغَفَّارُ
الذُّنُوْبِ وَلَا حَوْلَ وَلَا قُوَّةَ اِلَّا بِاللّٰهِ الْعَلِيِّ الْعَظِيْمِ

ترجمہ: میں **اللّٰہ** سے معافی مانگتا ہوں جو میرا پَروَرْدگار ہے ہر گناہ سے جو میں نے جان بوجھ کر

کیا یا بھول کر، چھپ کر کیا یا ظاہر ہو کر، اور میں اس کی بارگاہ میں توبہ کرتا ہوں اُس گناہ سے جس کو میں جانتا ہوں اور اُس گناہ سے جس کو میں نہیں جانتا (اے **اللّٰہ** عَزَّوَجَلَّ!) بے شک تو غیبوں کا جاننے والا اور عیبوں کا چھپانے والا اور گناہوں کا بخشنے والا ہے اور گناہ سے بچنے کی طاقت اور نیکی کرنے کی قوت نہیں مگر **اللّٰہ** کی مدد سے جو بہت بلند عظمت والا ہے۔

چھٹا کَلِمہ رَدِّ کُفر

اَللّٰهُمَّ اِنِّیۡۤ اَعُوۡذُبِكَ مِنۡ اَنۡ اُشۡرِكَ بِكَ شَيۡـًٔا وَّاَنَا اَعۡلَمُ بِهٖ وَاَسۡتَغۡفِرُكَ لِمَا لَاۤ اَعۡلَمُ بِهٖ تُبۡتُ عَنۡهُ وَتَبَرَّأۡتُ مِنَ الۡكُفۡرِ وَالشِّرۡكِ وَالۡكِذۡبِ وَ الۡغِيۡبَةِ وَ الۡبِدۡعَةِ وَ النَّمِيۡمَةِ وَ الۡفَوَاحِشِ وَ الۡبُهۡتَانِ وَ الۡمَعَاصِیۡ كُلِّهَا وَ اَسۡلَمۡتُ وَ اَقُوۡلُ لَاۤ اِلٰهَ اِلَّا اللّٰهُ مُحَمَّدٌ رَّسُوۡلُ اللّٰهِ

ترجمہ: اے **اللّٰہ** عَزَّوَجَلَّ! میں تیری پناہ مانگتا ہوں اس بات سے کہ میں کسی شے کو تیرا شریک بناؤں جان بوجھ کر اور بخشش مانگتا ہوں تجھ سے اس (شرک) کی جس کو میں نہیں جانتا اور میں نے اس سے توبہ کی اور میں بیزار ہوا کفر سے اور شرک سے اور جھوٹ سے اور غیبت سے اور بدعت سے اور چغلی سے اور بے حیائیوں سے اور بہتان سے اور تمام گناہوں سے اور میں اسلام لایا اور میں کہتا ہوں **اللّٰہ** کے سوا کوئی عبادت کے لائق نہیں محمد (صَلَّی اللّٰہُ تَعَالٰی عَلَیْہِ وَاٰلِہٖ وَسَلَّم) **اللّٰہ** کے رسول ہیں۔

دُعائیں

عِلم میں اِضافے کی دُعا

اَللّٰھُمَّ رَبِّ زِدْنِیْ عِلْمًا ط

ترجمہ: اے اللہ عَزَّوَجَلَّ! اے میرے ربّ! میرے علم میں اضافہ فرما۔

دودھ پینے کی دعا

اَللّٰھُمَّ بَارِکْ لَنَا فِیْهِ وَزِدْنَا مِنْهُ ط [1]

ترجمہ: اے اللہ عَزَّوَجَلَّ! ہمارے لئے اس میں بَرَکت دے اور ہمیں اس سے زیادہ عنایت فرما۔

بَیتُ الخلا میں جانے سے پہلے کی دعا

اَللّٰھُمَّ اِنِّیْ اَعُوْذُ بِكَ مِنَ الْخُبُثِ وَالْخَبَآئِثِ ط [2]

ترجمہ: اے اللہ عَزَّوَجَلَّ! میں ناپاک جنوں اور جنیوں سے تیری پناہ مانگتا ہوں۔

بَیتُ الخلا سے باہَر نکلنے کے بعد کی دعا

اَلْحَمْدُ لِلّٰهِ الَّذِیْٓ اَذْهَبَ عَنِّی الْاَذٰی وَعَافَانِیْ ط [3]

ترجمہ: اللہ عَزَّوَجَلَّ کا شکر ہے جس نے مجھ سے اذیت دور کی اور مجھے عافیت دی۔

---

[1] ......سنن ابی داود، کتاب الاشربة، باب مایقول اذا شرب اللبن، الحدیث: ۳۷۳۰، ج ۳، ص ۴۷۶

[2] ......صحیح البخاری، کتاب الدعوات، باب الدعاء عند الخلاء، الحدیث: ۶۳۲۲، ج ۴، ص ۱۹۵

[3] ......مصنف ابن ابی شیبة، کتاب الدعاء، باب مایقول الرجل ...الخ، الحدیث: ۲، ج ۷، ص ۱۴۹

آئینہ دیکھتے وقت کی دعا

اَللّٰهُمَّ اَنْتَ حَسَّنْتَ خَلْقِيْ فَحَسِّنْ خُلُقِيْ ط ⑴

ترجمہ: اے اللہ عَزَّوَجَلَّ! تو نے میری صورت تو اچھی بنائی ہے میری سیرت بھی اچھی کر دے۔

سُرمہ لگاتے وقت کی دعا

اَللّٰهُمَّ مَتِّعْنِيْ بِالسَّمْعِ وَالْبَصَرِ ط

ترجمہ: اے اللہ عَزَّوَجَلَّ! مجھے سننے اور دیکھنے سے بہرہ مند فرما۔

کسی مسلمان کو مُسکراتا دیکھ کر پڑھنے کی دعا

اَضْحَكَ اللّٰهُ سِنَّكَ ط ⑵

ترجمہ: اللہ عَزَّوَجَلَّ آپ کو ہمیشہ مسکراتا رکھے۔

تیل اور عِطْر لگاتے وقت کی دعا

بِسْمِ اللّٰهِ الرَّحْمٰنِ الرَّحِيْمِ ط ⑶

ترجمہ: اللہ کے نام سے شُروع جو بَہُت مہربان رَحْمت والا۔

---

[١] ...... الحصن الحصين، ص ١٠٢

[٢] ...... صحيح البخاري، الحديث: ٣٢٩٤، ج ٢، ص ٤٠٣

[٣] ...... صحيح البخاري، كتاب بدء الخلق، باب صفة ابليس وجنوده، الحديث: ٣٢٩٤، ج ٢، ص ٤٠٣

مسجد میں داخل ہونے کی دعا

اَللّٰھُمَّ افْتَحْ لِیْ اَبْوَابَ رَحْمَتِكَ ط [۱]

ترجمہ: اے **اللہ** عَزَّوَجَلَّ! میرے لئے اپنی رحمت کے دروازے کھول دے۔

مسجد سے نکلتے وقت کی دعا

اَللّٰھُمَّ اِنِّیْ اَسْئَلُكَ مِنْ فَضْلِكَ ط [۲]

ترجمہ: اے **اللہ** عَزَّوَجَلَّ! میں تجھ سے تیرا فضل مانگتا ہوں۔

چھینک آنے پر پڑھنے کی دعا

اَلْحَمْدُ لِلّٰهِ عَلٰی كُلِّ حَالٍ ط [۳]

ترجمہ: **اللہ** عَزَّوَجَلَّ کا ہر حال میں شکر ہے۔

چھینکنے والے کا جواب دینے کی دعا

یَرْحَمُكَ اللّٰهُ ط [۴]

ترجمہ: **اللہ** عَزَّوَجَلَّ تجھ پر رحم کرے۔

---

[۱] ...... سنن ابی داود، کتاب الصلاۃ، الحدیث: ۴۶۵، ج ۱، ص ۱۹۹

[۲] ...... سنن ابی داود، کتاب الصلاۃ، الحدیث: ۴۶۵، ج ۱، ص ۱۹۹

[۳] ...... سنن الترمذی، کتاب الادب، الحدیث: ۲۷۴۷، ج ۴، ص ۳۳۹

[۴] ...... صحیح البخاری، کتاب الادب، الحدیث: ۶۲۲۴، ج ۴، ص ۱۶۳

گھر سے نکلتے وقت کی دعا

بِسْمِ اللّٰهِ تَوَكَّلْتُ عَلَى اللّٰهِ لَا حَوْلَ وَلَا قُوَّةَ اِلَّا بِاللّٰهِ ؕ ①

ترجمہ: **اللّٰہ** عَزَّوَجَلَّ کے نام سے (میں نکلتا ہوں اور) میں نے **اللّٰہ** عَزَّوَجَلَّ پر بھروسا کیا، گناہ سے بچنے کی قُوّت اور نیکی کرنے کی طاقت **اللّٰہ** عَزَّوَجَلَّ ہی کی طرف سے ہے۔

گھر میں داخل ہوتے وقت کی دعا

اَللّٰهُمَّ اِنِّیْ اَسْئَلُكَ خَيْرَ الْمَوْلَجِ وَخَيْرَ الْمَخْرَجِ ②

ترجمہ: اے **اللّٰہ** عَزَّوَجَلَّ! میں تجھ سے داخل ہونے اور نکلنے کی جگہوں کی بھلائی طَلَب کرتا ہوں۔

[1] ...... سنن ابی داود، کتاب الادب، باب مایقول الرجل اذا خرج من بیتہ، الحدیث: ۵۰۹۵، ج۴، ص۴۲۰

[2] ...... سنن ابی داود، کتاب الادب، باب مایقول الرجل اذا دخل بیتہ، الحدیث: ۵۰۹۶، ج۴، ص۴۲۰

اِیمانیات وعَقائِد

الله عَزَّوَجَلَّ

سوال کیا **الله** عَزَّوَجَلَّ کا کوئی شریک ہے؟

جواب جی نہیں! **الله** عَزَّوَجَلَّ اکیلا ہے، اس کا کوئی شریک نہیں۔

سوال **الله** عَزَّوَجَلَّ کب سے ہے اور کب تک رہے گا؟

جواب **الله** عَزَّوَجَلَّ ہمیشہ سے ہے اور ہمیشہ رہے گا۔

سوال تمام جہان والوں کو کس نے بنایا؟

جواب **الله** عَزَّوَجَلَّ نے تمام جہان والوں کو بنایا۔

سوال سب کو پالنے والا کون ہے؟

جواب **الله** عَزَّوَجَلَّ سب کو پالنے والا ہے۔

سوال سب کو رِزْق کون دیتا ہے؟

جواب **الله** عَزَّوَجَلَّ سب کو رِزْق دیتا ہے۔

سوال کیا **الله** عَزَّوَجَلَّ کی کوئی صِفَت بُری ہوسکتی ہے؟

جواب ہرگز نہیں! بُری صِفَت عَیب ہے اور **الله** عَزَّوَجَلَّ ہر عَیب سے پاک ہے۔

ہمارے پیارے نبی صَلَّی اللہُ تَعَالٰی عَلَیْہِ وَاٰلِہٖ وَسَلَّم

سوال کیا ہمارے پیارے نبی صَلَّی اللہُ تَعَالٰی عَلَیْہِ وَاٰلِہٖ وَسَلَّم کے بعد کوئی نبی آئے گا؟

جواب جی نہیں! حضرت محمد مصطفےٰ صَلَّی اللہُ تَعَالٰی عَلَیْہِ وَاٰلِہٖ وَسَلَّم کے بعد کوئی نبی نہیں آئے گا کیونکہ آپ صَلَّی اللہُ تَعَالٰی عَلَیْہِ وَاٰلِہٖ وَسَلَّم خَاتَمُ النَّبِیِّین ہیں۔

سوال خَاتَمُ النَّبِیّٖن کا کیا مَطْلَب ہے؟

جواب اس کا مطلب ہے: تمام نبیوں میں سب سے آخری نبی۔

سوال حضور صَلَّی اللہُ تَعَالٰی عَلَیْہِ وَاٰلِہٖ وَسَلَّم نے کس عُمْر میں اعلانِ نبوت فرمایا؟

جواب حضور صَلَّی اللہُ تَعَالٰی عَلَیْہِ وَاٰلِہٖ وَسَلَّم نے چالیس سال کی عُمْر میں اعلانِ نبوت فرمایا۔

سوال اللہ عَزَّوَجَلَّ نے سب سے زیادہ عِلْم و اِختیار کس نبی کو عطا فرمایا؟

جواب ہمارے پیارے نبی صَلَّی اللہُ تَعَالٰی عَلَیْہِ وَاٰلِہٖ وَسَلَّم کو۔

سوال حضور صَلَّی اللہُ تَعَالٰی عَلَیْہِ وَاٰلِہٖ وَسَلَّم کا نامِ مبارک سنتے ہی ہمیں کیا کرنا چاہیے؟

جواب دُرُود شریف پڑھنا چاہیے۔

سوال کیا ہمارے پیارے نبی صَلَّی اللہُ تَعَالٰی عَلَیْہِ وَاٰلِہٖ وَسَلَّم کا سایہ تھا؟

جواب جی نہیں! ہمارے پیارے نبی صَلَّی اللہُ تَعَالٰی عَلَیْہِ وَاٰلِہٖ وَسَلَّم کا سایہ نہیں تھا۔

ارکانِ اسلام

سوال اللہ عَزَّوَجَلَّ نے قرآنِ پاک میں نماز کا کتنی بار حکم فرمایا ہے؟

جواب اللہ عَزَّوَجَلَّ نے قرآنِ پاک میں نماز کا 700 سے زائد مرتبہ حکم فرمایا ہے۔

سوال جو شخص نماز کی فرضیت کا انکار کرے اس کے بارے میں کیا حکم ہے؟

جواب جو شخص نماز کی فرضیت کا انکار کرے وہ کافر ہے۔

سوال ہمارے پیارے آقا صَلَّی اللہُ تَعَالٰی عَلَیْہِ وَاٰلِہٖ وَسَلَّم نے کس چیز کو اپنی آنکھوں کی ٹھنڈک فرمایا ہے؟

جواب ہمارے پیارے آقا صَلَّی اللہُ تَعَالٰی عَلَیْہِ وَاٰلِہٖ وَسَلَّم نے نماز کو اپنی آنکھوں کی ٹھنڈک فرمایا ہے۔

سوال نماز پڑھنے کے چند فضائل بتائیں؟

جواب نماز پڑھنے کے چند فضائل یہ ہیں:

- نماز دین کا سُتون ہے۔
- نماز مومن کی معراج ہے۔
- نماز اللہ عَزَّوَجَلَّ کی خوشنودی کا سَبَب ہے۔
- نماز سے رحمت نازل ہوتی ہے۔
- نماز سے گناہ مُعاف ہوتے ہیں۔
- نماز بیماریوں سے بچاتی ہے۔
- نماز دعاؤں کی قبولیت کا سبب ہے۔
- نماز سے روزی میں بَرَکت ہوتی ہے۔
- نماز اندھیری قَبْر کا چراغ ہے۔
- نماز قَبْر اور جہنَّم کے عذاب سے بچاتی ہے۔
- نماز جنَّت کی کُنجی ہے۔
- نماز پُل صِراط کے لئے آسانی ہے۔
- نماز میٹھے میٹھے آقا صَلَّی اللہُ تَعَالٰی عَلَیْہِ وَاٰلِہٖ وَسَلَّم کی آنکھوں کی ٹھنڈک ہے۔
- نمازی کو بروزِ قیامت سرکار صَلَّی اللہُ تَعَالٰی عَلَیْہِ وَاٰلِہٖ وَسَلَّم کی شفاعت نصیب ہوگی۔
- نمازی کو قیامت کے دن دائیں ہاتھ میں اعمال نامہ دیا جائے گا۔
- نمازی کے لئے سب سے بڑی نعمت یہ ہے کہ بروزِ قیامت اسے اللہ عَزَّوَجَلَّ کا دیدار نصیب ہوگا۔

سوال نماز نہ پڑھنے کے کیا نقصانات ہیں؟

جواب نماز نہ پڑھنے کے نقصانات یہ ہیں:

- بے نمازی سے **اللہ** عَزَّوَجَلَّ ناراض ہوتا ہے۔
- بے نمازی کی قَبْر میں آگ بھڑکا دی جائے گی۔
- بے نمازی پر ایک گنجا سانپ مُسَلَّط کر دیا جائے گا۔
- بے نمازی سے بروزِ قیامت سختی سے حساب لیا جائے گا۔
- جو جان بوجھ کر ایک نماز بھی چھوڑتا ہے اس کا نام جَہَنَّم کے دروازے پر لکھ دیا جاتا ہے۔
- نماز میں سُستی کرنے والے کو قَبْر اس طرح دبائے گی کہ اس کی پسلیاں ٹوٹ پھوٹ کر ایک دوسرے میں پیوست ہو جائیں گی۔

سوال کیا بھول کر کھانے پینے سے روزہ ٹوٹ جاتا ہے؟

جواب جی نہیں! بھول کر کھانے پینے سے روزہ نہیں ٹوٹتا۔

سوال روزہ کب فرض ہوا؟

جواب روزہ **10 شعبان المعظم 2 ہجری** کو فرض ہوا۔

سوال کیا روزہ رکھنے سے آدمی بیمار ہو جاتا ہے؟

جواب جی نہیں! بلکہ حدیثِ پاک میں ہے کہ ”روزہ رکھو صحت یاب ہو جاؤ گے۔“ [1]

سوال روزہ رکھنے کی کوئی فضیلت بیان کریں؟

جواب حدیثِ پاک میں ہے جس نے ماہِ رمضان کا ایک روزہ بھی خاموشی اور سُکون سے رکھا اس کے لئے جنّت میں ایک گھر سُرخ یاقوت یا سَبز زَبَرجَد کا بنایا جائے گا۔ [2]

---

[1] ...... المعجم الاوسط، الحدیث ۸۳۱۲، ج۶، ص ۱۴۶

[2] ...... مجمع الزوائد، الحدیث: ۴۷۹۲، ج۳، ص ۳۴۶

فِرِشتے

سوال چار مشہور فرشتے کون سے ہیں اور یہ کیا کام کرتے ہیں؟

جواب چار مشہور فرشتے یہ ہیں:

{1}...... **حضرت جبرائیل** عَلَیْہِ السَّلَام
{2}...... **حضرت میکائیل** عَلَیْہِ السَّلَام
{3}...... **حضرت اسرافیل** عَلَیْہِ السَّلَام
{4}...... **حضرت عزرائیل** عَلَیْہِ السَّلَام

اور ان کے کام یہ ہیں:

- ...... **حضرت جبرائیل** عَلَیْہِ السَّلَام کے ذِمّہ **اللہ** عَزَّوَجَلَّ کی وحی کو انبیائے کرام عَلَیْہِمُ السَّلَام تک پہنچانا ہے۔
- ...... **حضرت میکائیل** عَلَیْہِ السَّلَام کے ذِمّہ رِزْق پہنچانا ہے۔
- ...... **حضرت اسرافیل** عَلَیْہِ السَّلَام کے ذِمّہ قیامت کے دن صُور پھونکنا ہے۔
- ...... **حضرت عزرائیل** عَلَیْہِ السَّلَام کے ذِمّہ رُوح قبض کرنا ہے۔

سوال انسان کے ساتھ ہر وقت دو فِرِشتے ہوتے ہیں ان کو کیا کہتے ہیں؟

جواب کِراماً کاتِبِین۔

سوال کِراماً کاتِبِین کے ذِمّہ کیا کام ہے؟

جواب لوگوں کی اچھائیوں اور برائیوں کو لکھنا۔

اَنبیائے کِرام عَلَیۡہِمُ الصَّلٰوۃُ وَالسَّلَام

سوال نبی کسے کہتے ہیں؟

جواب نبی اس انسان کو کہتے ہیں جسے **اللہ** عَزَّوَجَلَّ نے مخلوق کی ہدایت کے لئے وحی بھیجی ہو خواہ فِرِشتے کے ذریعے یا فِرِشتے کے بغیر۔

سوال رسول کسے کہتے ہیں؟

جواب رسول کے لئے انسان ہونا ضروری نہیں بلکہ رسول فِرِشتوں میں بھی ہوتے ہیں اور انسانوں میں بھی اور بعض عُلَما یہ فرماتے ہیں کہ جو نبی نئی شریعت لائے اسے رسول کہتے ہیں۔

سوال انبیائے کرام عَلَیۡہِمُ السَّلَام کی تعداد بتایئے؟

جواب **اللہ** عَزَّوَجَلَّ نے بے شمار انبیائے کرام عَلَیۡہِمُ السَّلَام بھیجے اور وہی ان کی صحیح تعداد جانتا ہے۔

سوال اَبُوالبَشَر کس نبی کو کہا جاتا ہے؟

جواب حضرت سیدنا آدم عَلَیۡہِ السَّلَام کو اَبُوالبَشَر کہا جاتا ہے۔

سوال کس نبی کے زمانے میں طوفان سے پوری دنیا غَرق ہوئی؟

جواب حضرت سیدنا نوح کے زمانے میں۔

مُعجزاتِ اَنبیائے کِرام عَلَیۡہِمُ الصَّلٰوۃُ وَالسَّلَام

سوال: کس نبی عَلَیۡہِ السَّلَام نے چاند کے دو ٹکڑے کیے؟

جواب: ہمارے پیارے نبی حضرت محمد مصطفٰے صَلَّی اللہُ تَعَالٰی عَلَیۡہِ وَاٰلِہٖ وَسَلَّم نے۔

سوال: وہ کونسی آیت ہے جس میں چاند کے دو ٹکڑے ہونے کا ذکر ہے؟

جواب: اِقۡتَرَبَتِ السَّاعَۃُ وَانۡشَقَّ الۡقَمَرُ ﴿۱﴾ (پ۲۷، القمر:۱)

ترجمۂ کنزالایمان: پاس آئی قیامت اورشق ہوگیا چاند۔

سوال: وہ کونسے نبی ہیں جن کے زمین پر ایڑیاں رگڑنے سے "زم زم" کا چشمہ پھوٹ پڑا؟

جواب: حضرت سیدنا اسماعیل عَلَیۡہِ السَّلَام کے زمین پر ایڑیاں رگڑنے سے زم زم کا چشمہ پھوٹ پڑا۔

سوال: وہ کونسے نبی عَلَیۡہِ السَّلَام ہیں جنہوں نے پتھر پر عصا مارا تو بارہ چشمے پھوٹ پڑے؟

جواب: حضرت موسیٰ عَلَیۡہِ السَّلَام نے پتھر پر عصا مارا تو بارہ چشمے پھوٹ پڑے۔

سوال وہ کونسے نبی عَلَیْہِ السَّلَام ہیں جن کی مبارک انگلیوں سے پانی کے چشمے جاری ہوئے؟

جواب وہ نبی ہمارے آقا سرورِ دوعالم صَلَّی اللہُ تَعَالٰی عَلَیْہِ وَاٰلِہٖ وَسَلَّم ہیں۔

سوال وہ کونسے نبی عَلَیْہِ السَّلَام ہیں جنہیں کافروں نے آگ میں ڈالا تو وہ ان پر ٹھنڈی ہوگئی؟

جواب حضرت ابراہیم عَلَیْہِ السَّلَام کو کافروں نے آگ میں ڈالا تو وہ ان پر ٹھنڈی ہوگئی۔

سوال وہ آیت مع ترجمہ سنائیں جس میں حضرت ابراہیم عَلَیْہِ السَّلَام پر آگ ٹھنڈی ہونے کا ذکر ہے؟

جواب قُلْنَا یٰنَارُ كُوْنِیْ بَرْدًا وَّ سَلٰمًا عَلٰۤى اِبْرٰهِیْمَ ﴿۶۹﴾ (پ۱۷، الانبیاء: ۶۹)

ترجمۂ کنزالایمان: ہم نے فرمایا اے آگ ہوجا ٹھنڈی اور سلامتی ابراہیم پر۔

پانچ کو پانچ سے پہلے

پیارے مدنی منو! یقیناً زندگی بے حد مختصر ہے، جو وقت مل گیا سو مل گیا، آئندہ وقت ملنے کی اُمیّد دھوکہ ہے۔ کیا معلوم آئندہ لمحے ہم موت سے ہم آغوش ہو چکے ہوں۔ رحمتِ عالم، نورِ مجسّم صَلَّی اللہُ تَعَالٰی عَلَیْہِ وَاٰلِہٖ وَسَلَّم ارشاد فرماتے ہیں: پانچ چیزوں کو پانچ چیزوں سے پہلے غنیمت جانو: (۱) جوانی کو بڑھاپے سے پہلے (۲) صحت کو بیماری سے پہلے (۳) مالداری کو تنگدستی سے پہلے (۴) فرصت کو مشغولیت سے پہلے اور (۵) زندگی کو موت سے پہلے۔

(المستدرک، الحدیث: ۷۹۱۶، ج۵، ص۴۳۵)

آسمانی کتابیں

سوال: سب سے پہلے کونسی آسمانی کتاب نازل ہوئی؟

جواب: سب سے پہلے **توریت** نازل ہوئی۔

سوال: **توریت** کس رسول پر نازل ہوئی؟

جواب: **توریت** حضرت **سَیِّدُ نا موسیٰ** عَلَیْہِ السَّلَام پر نازل ہوئی۔

سوال: **توریت** کے بعد کونسی کتاب نازل ہوئی؟

جواب: **توریت** کے بعد **زَبور** نازل ہوئی۔

سوال: **زَبور** کس رسول پر نازل ہوئی؟

جواب: **زَبور** حضرت **سَیِّدُ نا داوٗد** عَلَیْہِ السَّلَام پر نازل ہوئی۔

سوال: **زَبور** کے بعد کونسی کتاب نازل ہوئی؟

جواب: **زَبور** کے بعد **انجیل** نازل ہوئی۔

سوال: **انجیل** کس رسول پر نازل ہوئی؟

جواب: **انجیل** حضرت **سَیِّدُ نا عیسیٰ** عَلَیْہِ السَّلَام پر نازل ہوئی۔

سوال: سب سے آخر میں کونسی آسمانی کتاب نازل ہوئی؟

جواب: سب سے آخر میں **قرآنِ مجید** نازل ہوا۔

سوال: **قرآنِ مجید** کس رسول پر نازل ہوا؟

جواب: **قرآنِ مجید** ہمارے پیارے **نبی** صَلَّی اللہُ تَعَالٰی عَلَیْہِ وَاٰلِہٖ وَسَلَّم پر نازل ہوا۔

قرآنِ مجید

سوال قرآنِ مجید کی سب سے پہلی آیت کہاں نازل ہوئی ؟

جواب قرآنِ مجید کی سب سے پہلی آیت غارِ حرا میں نازل ہوئی۔

سوال قرآنِ مجید کس زبان میں ہے؟

جواب قرآنِ مجید عَرَبی زبان میں ہے۔

سوال قرآنِ مجید کا سب سے پہلا نازل ہونے والا لفظ کونسا ہے؟

جواب اِقْرَاْ ، جس کے معنٰی ہیں ''پڑھو''۔

سوال قرآنِ مجید کتنے عرصے میں نازل ہوا؟

جواب قرآنِ مجید تقریباً ﴿23﴾ سال میں نازل ہوا۔[1]

سوال قرآنِ مجید کے کل کتنے پارے ہیں؟

جواب قرآنِ مجید کے کل ﴿30﴾ پارے ہیں۔

سوال قرآنِ مجید میں کل کتنی سورتیں ہیں؟

جواب قرآنِ مجید میں کل ﴿114﴾ سورتیں ہیں۔

---

[1] ……الجامع لاحکام القران، سورۃ القدر، ج ۲۰، ص ۹۲

تِلاوتِ قرآن مجید کے آداب

سوال: قرآنِ پاک کی تلاوت کرتے وقت کس رُخ پر بیٹھنا چاہیے؟

جواب: قرآنِ پاک کی تلاوت کرتے وقت قبلہ رُخ ہونا چاہیے کہ یہ مُسْتَحَب ہے۔

سوال: تکیہ یا ٹیک لگا کر قرآنِ پاک پڑھنا کیسا ہے؟

جواب: تکیہ یا ٹیک لگا کر قرآنِ پاک نہیں پڑھنا چاہیے بلکہ سیدھا بیٹھ کر خُشُوع و خُضُوع کے ساتھ تلاوت کرنی چاہیے۔

سوال: کیا قرآنِ مجید لیٹ کر پڑھ سکتے ہیں؟

جواب: جی ہاں! قرآنِ مجید لیٹ کر بھی پڑھ سکتے ہیں جبکہ پاؤں سمٹے ہوئے ہوں۔

سوال: قرآنِ مجید کی تلاوت شروع کرنے سے پہلے کیا پڑھنا چاہیے؟

جواب: قرآنِ مجید کی تلاوت شروع کرنے سے پہلے تَعَوُّذ (یعنی اَعُوذُ بِاللّٰہ شریف) اور تسمیہ (یعنی بِسمِ اللّٰہ شریف) پڑھنا چاہیے۔

سوال: وہ کونسی جگہیں ہیں جہاں قرآن شریف پڑھنا ناجائز ہے؟

جواب: غسل خانہ اور نجاست کی جگہ (مثلاً بیت الخلا) میں قرآن شریف پڑھنا ناجائز ہے۔

سوال: قرآنِ مجید کی طرف پیٹھ یا پاؤں کرنا کیسا ہے؟

جواب: قرآنِ مجید کی طرف پیٹھ یا پاؤں کرنا اَدب کے خلاف ہے، ایسا نہیں کرنا چاہیے۔

سوال: قرآن شریف کی تلاوت کے دوران جماہی آجائے تو کیا کرنا چاہیے؟

جواب: قرآن شریف کی تلاوت کے دوران جماہی آجائے تو تلاوت **موقوف** (یعنی بند) کر دیں کیونکہ جماہی شیطانی اثر ہے۔

سوال: قرآن شریف کی تلاوت کے دوران اگر پیر صاحب، عالم دین، اُستاذ صاحب یا والدین میں سے کوئی آجائے تو کیا ان کی تعظیم کے لئے کھڑے ہو سکتے ہیں؟

جواب: جی ہاں! تلاوت موقوف کر کے ان کی تعظیم کے لئے کھڑے ہو سکتے ہیں۔

سوال: بعض لوگ کہتے ہیں کہ اگر قرآنِ پاک کھلا ہو تو اسے شیطان پڑھتا ہے اس کی کیا حقیقت ہے؟

جواب: یہ بات غلط ہے اور اس کی کوئی اَصل نہیں۔

سوال: قرآنِ پاک کو جُز دان یا غلاف میں رکھنے کا کیا حکم ہے؟

جواب: قرآنِ پاک کو جُزدان یا غلاف میں رکھنا جائز ہے۔ صحابۂ کرام رِضْوَانُ اللہِ تَعَالٰی عَلَیْہِمْ اَجْمَعِیْن کے دورِ مبارک سے مسلمانوں کا اس پر عَمَل ہے۔

سوال: قرآنِ مجید کو بلند آواز سے پڑھنا کیسا ہے؟

جواب: قرآنِ مجید کو بلند آواز سے پڑھنا **افضل** ہے کہ جہاں تک آواز پہنچے گی وہ اشیا پڑھنے والے کے ایمان کی بروزِ قیامت گواہ ہوں گی۔ البتہ اس بات کا خیال رکھا جائے کہ کسی نمازی، بیمار اور سونے والے کو تکلیف نہ پہنچے۔

سوال: قرآن شریف کی تلاوت سننے کے بجائے باتیں کرنا یا اِدھر اُدھر دیکھنا کیسا ہے؟

جواب: قرآن شریف کی تلاوت خاموشی اور توجہ سے سننا چاہیے اس دوران گُفتگو کرنا گناہ ہے۔

سوال: بَہُت سے اسلامی بھائیوں کا قرآن خوانی وغیرہ میں بلند آواز سے قرآن شریف پڑھنا کیسا ہے؟

جواب: اجتماعی طور پر بلند آواز سے قرآن پڑھنا مَنْع ہے، ایسے موقع پر سب کو آہستہ آواز میں قرآن شریف پڑھنا چاہیے۔

سوال: مَدرسہ میں طَلَبہ بلند آواز سے قرآن شریف پڑھیں تو اس کا کیا حکم ہے؟

جواب: مدرسہ میں طَلَبہ کا بلند آواز سے قرآن شریف پڑھنا جائز ہے۔

علم سے بہتر کوئی شے نہیں

اللہ عَزَّوَجَلَّ کے پیارے حبیب صَلَّی اللہُ تَعَالٰی عَلَیْہِ وَاٰلِہٖ وَسَلَّم ایک صحابی سے محوِ گفتگو تھے کہ وحی نازل ہوئی: اس صحابی کی زندگی کی ایک ساعت (یعنی گھنٹہ بھر) باقی رہ گئی ہے۔ یہ وقتِ عصر تھا۔ رحمتِ عالم صَلَّی اللہُ تَعَالٰی عَلَیْہِ وَاٰلِہٖ وَسَلَّم نے جب یہ بات اس صحابی کو بتائی تو انہوں نے مضطرب ہوکر التجا کی: ''**یا رسولَ اللہ** صَلَّی اللہُ تَعَالٰی عَلَیْہِ وَاٰلِہٖ وَسَلَّم! مجھے ایسے عمل کے بارے میں بتایئے جو اس وقت میرے لئے سب سے بہتر ہو۔'' تو آپ صَلَّی اللہُ تَعَالٰی عَلَیْہِ وَاٰلِہٖ وَسَلَّم نے ارشاد فرمایا: ''علم سیکھنے میں مشغول ہو جاؤ۔'' چنانچہ وہ صحابی علم سیکھنے میں مشغول ہو گئے اور مغرب سے پہلے ہی ان کا انتقال ہو گیا۔ راوی فرماتے ہیں کہ اگر علم سے بہتر کوئی شے ہوتی تو سرکارِ مدینہ صَلَّی اللہُ تَعَالٰی عَلَیْہِ وَاٰلِہٖ وَسَلَّم اسی کا حکم ارشاد فرماتے۔ (تفسیر کبیر، سورۃ البقرہ، ج ۱، ص ۴۱۰)

صحابۂ کرام عَلَیْہِمُ الرِّضْوَان

سوال عشرۂ مُبَشَّرہ سے کیا مراد ہے؟

جواب عشرۂ مبشرہ سے مراد وہ دس (۱۰) صحابۂ کرام عَلَیْہِمُ الرِّضْوَان ہیں جنہیں ہمارے پیارے آقا صَلَّی اللہُ تَعَالٰی عَلَیْہِ وَاٰلِہٖ وَسَلَّم نے دنیا میں ہی جنّت کی بشارت دی۔

سوال عشرۂ مُبَشَّرہ میں کون کون سے صحابۂ کرام عَلَیْہِمُ الرِّضْوَان شامل ہیں؟

جواب عشرۂ مبشرہ [1] میں جو صحابۂ کرام عَلَیْہِمُ الرِّضْوَان شامل ہیں ان کے اسمائے گرامی یہ ہیں:

﴿1﴾ سَیِّدُنا ابوبکر صدیق رَضِیَ اللہُ تَعَالٰی عَنْہ
﴿2﴾ سَیِّدُنا عُمَر فاروقِ اعظم رَضِیَ اللہُ تَعَالٰی عَنْہ
﴿3﴾ سَیِّدُنا عثمان غنی رَضِیَ اللہُ تَعَالٰی عَنْہ
﴿4﴾ سَیِّدُنا علی المرتضیٰ رَضِیَ اللہُ تَعَالٰی عَنْہ
﴿5﴾ سَیِّدُنا طلحہ بن عبید اللہ رَضِیَ اللہُ تَعَالٰی عَنْہ
﴿6﴾ سَیِّدُنا زبیر بن عوام رَضِیَ اللہُ تَعَالٰی عَنْہ
﴿7﴾ سَیِّدُنا عبدالرحمن بن عوف رَضِیَ اللہُ تَعَالٰی عَنْہ
﴿8﴾ سَیِّدُنا سعد بن ابی وقاص رَضِیَ اللہُ تَعَالٰی عَنْہ
﴿9﴾ سَیِّدُنا سعید بن زید رَضِیَ اللہُ تَعَالٰی عَنْہ
﴿10﴾ سَیِّدُنا ابوعبیدہ بن جراح رَضِیَ اللہُ تَعَالٰی عَنْہ

سوال مؤذنِ رسول کس صحابی کو کہتے ہیں؟

جواب مؤذنِ رسول حضرت سَیِّدُنا بلال رَضِیَ اللہُ تَعَالٰی عَنْہ کو کہتے ہیں۔

---

[1] ...... سنن الترمذی، کتاب المناقب، باب مناقب عبد الرحمن بن عوف۔۔۔ الخ، الحدیث: ۳۷۶۸، ۳۷۶۹، ج۵، ص ۴۱۶، ۴۱۷

سوال سَیفُ اللّٰہ (اللہ کی تلوار) کس صحابی کا لقب ہے؟

جواب سَیفُ اللّٰہ حضرت سَیِّدُ نا خالد بن ولید رَضِیَ اللّٰہُ تَعَالٰی عَنْہ کو کہتے ہیں۔

سوال اَسَدُ اللّٰہ (اللہ کا شیر) کس صحابی کو کہتے ہیں؟

جواب اَسَدُ اللّٰہ حضرت سَیِّدُ نا علی المرتضٰی کَرَّمَ اللّٰہُ تَعَالٰی وَجْہَہُ الْکَرِیْم کو کہتے ہیں۔

سوال سَیِّدُ الشُّھَدَاء کس صحابی کو کہتے ہیں؟

جواب سَیِّدُ الشُّھَدَاء ہمارے پیارے آقا صَلَّی اللّٰہُ تَعَالٰی عَلَیْہِ وَاٰلِہٖ وَسَلَّم کے چچا حضرت سَیِّدُ نا حمزہ رَضِیَ اللّٰہُ تَعَالٰی عَنْہ کو کہتے ہیں۔

سوال کیا قرآنِ مجید میں کسی صحابی کا نام آیا ہے؟

جواب جی ہاں! قرآنِ مجید میں ایک صحابی کا نام آیا ہے۔

سوال قرآنِ مجید میں کس صحابی کا نام آیا ہے؟

جواب حضرت سَیِّدُ نا زید بن حارثہ رَضِیَ اللّٰہُ تَعَالٰی عَنْہ کا نام قرآن مجید کے 22 ویں پارے میں سورۂ احزاب کی 37 ویں آیت میں آیا ہے۔

سوال سب سے زیادہ اَحادیث کس صحابی سے مروی ہیں؟

جواب حضرت سَیِّدُ نا ابو ہریرہ رَضِیَ اللّٰہُ تَعَالٰی عَنْہ سے مروی ہیں۔

سوال بارگاہِ رسالت صَلَّی اللّٰہُ تَعَالٰی عَلَیْہِ وَاٰلِہٖ وَسَلَّم کے نعت گو شاعر صحابی کا نام بتائیں؟

جواب حضرت سَیِّدُ نا حسّان بن ثابت رَضِیَ اللّٰہُ تَعَالٰی عَنْہ۔

جس مسلماں نے دیکھا اُنہیں اِک نظر
اُس نظر کی بصارت پہ لاکھوں سلام

اَوْلِیَائے کِرَام رَحِمَهُمُ اللهُ السَّلَام

سوال ولیوں کے سردار کون ہیں؟

جواب تاجدارِ بغداد حضور غوثِ پاک سید عبد القادر جیلانی قُدِّسَ سِرُّهُ النُّوْرَانِی۔

سوال چند اولیائے کرام رَحِمَهُمُ اللهُ السَّلَام کے نام بتایئے اور یہ بھی بتایئے کہ ان کے مزاراتِ مبارکہ کہاں ہیں؟

جواب جنت کے آٹھ دروازوں کی نسبت سے آٹھ اولیائے کرام کے نام اور مزارات یہ ہیں:

﴿1﴾ ...... حضرتِ سیِّدُنا خواجہ نظام الدین اولیا دہلوی عَلَیْہِ رَحْمَۃُ اللهِ الْقَوِی۔

ان کا مزارِ مُقدَّس ہند کے شہر ''دہلی'' میں ہے۔

{2}......قُطبِ مدینہ حضرتِ سیِّدُ نا ضیاءُ الدین احمد مدنی عَلَیْہِ رَحمَۃُ اللہِ الْغَنِی۔

ان کا مزارِ مبارک جنت البقیع میں ہے۔

{3}......حضرتِ سیِّدُ نا شمس العارفین خواجہ شمس الدین سیالوی عَلَیْہِ رَحمَۃُ اللہِ الْقَوِی۔

ان کا مزار شریف پاکستان کے شہر ''سیال شریف'' میں ہے۔

{4}......حضرت پیر سید مہر علی شاہ گولڑوی حنفی عَلَیْہِ رَحمَۃُ اللہِ الْقَوِی۔

ان کا مزار شریف پاکستان کے شہر ''گولڑہ شریف'' میں ہے۔

{5}......حضرتِ سیِّدُ نا شاہ عبد اللطیف بھٹائی عَلَیْہِ رَحمَۃُ اللہِ الْقَوِی۔

ان کا مزار شریف پاکستان کے صوبہ باب الاسلام (سندھ) کے شہر ''بھٹ'' میں ہے۔

{6}......حضرتِ مولانا حسن رضا خان حسنؔ رَحمَۃُ اللہِ تَعَالٰی عَلَیْہِ۔

ان کا مزار شریف ہند کے شہر ''بریلی شریف'' میں ہے۔

{7}......حضرتِ سیِّدُ نا امام بری عَلَیْہِ رَحمَۃُ اللہِ الْقَوِی۔

......ان کا مزار شریف پاکستان کے دار الحکومت ''اسلام آباد'' میں ہے۔

{8}......حضرتِ سیِّدُ نا **عبد اللہ** شاہ غازی عَلَیْہِ رَحمَۃُ اللہِ الْقَوِی۔

......ان کا مزار شریف پاکستان کے شہر ''باب المدینہ (کراچی)'' میں ہے۔

سوال کیا موجودہ دور میں بھی کوئی یادگارِ اسلاف شخصیت ہے؟

جواب جی ہاں!......امیرِ اہل سنت حضرت علامہ مولانا محمد الیاس عطار قادری رضوی دَامَتْ بَرَکَاتُہُمُ الْعَالِیَہ موجودہ دور کی یادگارِ اسلاف شخصیت ہیں۔

کراماتِ صحابہ واَولیائے کرام رِضْوَانُ اللہِ تَعَالٰی عَلَیْھِمْ اَجْمَعِین

سوال: کرامت کسے کہتے ہیں؟

جواب: **اللہ** عَزَّوَجَلَّ کے کسی ولی سے خلافِ عادت ظاہر ہونے والی بات کو کرامت کہتے ہیں۔

سوال: کرامت کی کتنی قسمیں ہیں؟

جواب: علامہ تاج الدین سبکی رَحْمَۃُ اللہِ تَعَالٰی عَلَیْہ نے اپنی کتاب **"طَبَقَاتُ الشَّافِعِیَّۃِ الْکُبْرٰی"** میں اولیائے کرام کی کرامات سے مُتَعَلِّق ایک سو (۱۰۰) سے زائد اقسام تحریر فرمائی ہیں۔

ان میں سے چند اقسام یہ ہیں:

- مُردوں کو زندہ کرنا
- مُردوں سے کلام کرنا
- دریاؤں پر تصرُّف
- زمین کو سمیٹ دینا
- نباتات سے گُفتگو
- شِفائے امراض
- مقبولیتِ دعا
- زمانہ مختصر وطویل ہوجانا
- جانوروں کا فرماں بردار ہونا
- غیب کی خبریں دینا
- دلوں کو اپنی طرف کھینچنا
- کھائے پیئے بغیر زندہ رہنا وغیرہ

سوال: چند اولیائے کرام رَحِمَھُمُ اللہُ السَّلَام کی کرامات بیان کیجئے؟

جواب {1}……حضورغوثِ اعظم عَلَیْہِ رَحمَۃُ اللہِ الْاَکْرَم کا پکی ہوئی مرغی کی ہڈیوں کو جمع کرکے **اللہ** کے حکم سے زندہ کردینا۔[1]

{2}……حضرت شیخ احمد بن نصر خزاعی رَحمَۃُ اللہِ تَعَالٰی عَلَیْہ کا بعد شہادت سولی پر تلاوتِ قرآنِ کریم کرنا۔[2]

{3}……شیخ ابواسحاق شیرازی رَحمَۃُ اللہِ تَعَالٰی عَلَیْہ کا بغداد میں بیٹھ کر کعبہ معظّمہ کو دیکھ لینا۔[3]

سوال کیا صحابۂ کرام عَلَیْہِمُ الرِّضْوَان بھی **اللہ** عَزَّوَجَلَّ کے ولی ہیں اور ان سے بھی کرامات کا ظُہور ہوا ہے؟

جواب جی ہاں……صحابۂ کرام عَلَیْہِمُ الرِّضْوَان افضل الاولیا ہیں اور ان سے بھی کرامات کا ظُہور ہوا ہے۔

سوال صحابۂ کرام عَلَیْہِمُ الرِّضْوَان کی چند کرامات بیان کیجئے؟

جواب {1}……امیر المومنین حضرت سیّدُنا ابوبکر صدیق رَضِیَ اللہُ تَعَالٰی عَنْہ کے روانہ کیے گئے اسلامی لشکر کی کلمۂ طیّبہ کی صدا سے قلعہ میں زلزلہ آنا۔[4]

- آپ رَضِیَ اللہُ تَعَالٰی عَنْہ کا جنازہ لے کر سلام کرنے سے روضۂ رسول کا دروازہ کھل جانا۔[5]

{2}……امیر المومنین حضرت سیّدُنا عُمَر فاروق رَضِیَ اللہُ تَعَالٰی عَنْہ کا قبر والے سے گُفتگو کرنا۔[6]

---

[1] ……بهجة الاسرار، ص ۱۲۸

[2] ……تاریخ بغداد، ج ۵، ص ۳۸۷

[3] ……جامع کرامات الاولیاء، ج ۱، ص ۳۹۲

[4] ……ازالة الخفاء، مقصد دوم، ج ۳، ص ۱۴۸

[5] ……التفسیر الکبیر، سورة الکهف، ج ۷، ص ۴۳۳

[6] ……حجة الله علی العالمین، الخاتمة فی اثبات کرامات الاولیا……الخ، ص ۶۱۲

- آپ رَضِیَ اللہُ تَعَالٰی عَنْہ کا مدینہ مُنَوَّرہ عَلٰی صَاحِبِہَا الصَّلٰوۃُ وَالسَّلَام سے سینکڑوں میل دور نہاوند (ایران) کے مقام پر حضرت سیِّدُنا ساریہ رَضِیَ اللہُ تَعَالٰی عَنْہ تک آواز پہنچانا۔ ①
- آپ رَضِیَ اللہُ تَعَالٰی عَنْہ کا رُکے ہوئے دریائے نیل کے نام خط لکھ کر اسے جاری کرنا۔ ②
- آپ رَضِیَ اللہُ تَعَالٰی عَنْہ کی دعاؤں کا مقبولِ بارگاہِ الٰہی ہونا۔ ③

{3}...... امیر المومنین حضرت سیِّدُنا عثمان غنی رَضِیَ اللہُ تَعَالٰی عَنْہ کے ہاتھ سے عصا مُبارک لے کر توڑنے والے کے ہاتھ میں کینسر ہو جانا۔ ④

- آپ رَضِیَ اللہُ تَعَالٰی عَنْہ کا اپنے مدفن کی خَبَر دینا۔ ⑤
- آپ رَضِیَ اللہُ تَعَالٰی عَنْہ کی شہادت کے بعد غیبی آواز کا آنا۔ ⑥
- آپ رَضِیَ اللہُ تَعَالٰی عَنْہ کی تدفین کے وقت فِرِشتوں کا ہُجوم ہونا۔ ⑦

{4}...... امیر المومنین حضرت سیِّدُنا علی المرتضٰی کَرَّمَ اللہُ تَعَالٰی وَجْہَہُ الْکَرِیْم کا قبْر والوں سے سوال جواب کرنا۔ ⑧

---

١ ...... مشكاة المصابيح، كتاب احوال القيامة وبدء الخلق، الحديث: ۵۹۵۴، ج ۲، ص ۴۰۱

٢ ...... حجة الله علي العالمين، الخاتمة في اثبات كرامات الاولياء... الخ، ص ٦١٢

٣ ...... ازالة الخفاء، مقصد دوم، ج ۴، ص ۱۰۸

٤ ...... الاصابة في تمييز الصحابة، حرف الجيم، الرقم: ۱۲۴۸، ج ۱، ص ٦٢٢

٥ ...... ازالة الخفاء، مقصد دوم، ج ۴، ص ۳۱۵

٦ ...... شواهد النبوة، ركن سادس دربيان شواهد...... الخ، ص ۲۰۹

٧ ...... المرجع السابق

٨ ...... حجة الله علي العالمين، الخاتمة في اثبات كرامات الاولياء...... الخ، ص ٦١٣

- آپ رَضِیَ اللّٰہُ تَعَالٰی عَنْہ کو جھوٹا کہنے والے کا اندھا ہو جانا۔[1]
- کون کہاں مرے گا، کہاں دفن ہو گا کی خبر دینا۔[2]
- آپ رَضِیَ اللّٰہُ تَعَالٰی عَنْہ کے گھر میں فرشتوں کا چکی چلانا۔[3]
- اپنی وفات کی خبر دینا۔[4]
- گھوڑے پر سوار ہوتے ہوئے قرآن ختم کر لینا۔[5]

حیا ایمان سے ہے

اللّٰہ عَزَّوَجَلَّ کے محبوب، دانائے غُیوب صَلَّی اللّٰہُ تَعَالٰی عَلَیْہِ وَاٰلِہٖ وَسَلَّم کا فرمانِ عالیشان ہے: حیا ایمان سے ہے۔ (مسند ابی یعلی، الحدیث: ۷۴۶۳، ج ۶ ص ۲۹۱) یعنی جس طرح ایمان، مومن کو کُفر کے اِرتِکاب سے روکتا ہے اِسی طرح حیا باحیا کو نافرمانیوں سے بچاتی ہے۔ اس کی مزید وضاحت وتائید حضرتِ سیِّدُنا ابنِ عمر رَضِیَ اللّٰہُ تَعَالٰی عَنْہُمَا سے مروی اِس روایت سے ہوتی ہے: بے شک حیا اور ایمان دونوں آپس میں ملے ہوئے ہیں، جب ایک اُٹھ جائے تو دوسرا بھی اٹھا لیا جاتا ہے۔ (اَلْمُسْتَدْرَک لِلْحاکِم، الحدیث: ۶۶، ج ۱، ص ۱۷۶)

---

[1] ......ازالۃ الخفاء، مقصد دوم، ج ۴، ص ۴۹۶
[2] ......الریاض النضرۃ، الباب الرابع، ج ۲، ص ۲۰۱
[3] ......المرجع السابق، ص ۲۰۲
[4] ......المرجع السابق
[5] ......شواھد النبوۃ، رکن سادس دربیان شواھد......الخ، ص ۲۱۲

عِبادات

وُضو

وضو کا طریقہ

- پیارے مدنی منو! وضو کرنے کے لئے اونچی جگہ قبلہ رُو بیٹھنا مستحب ہے۔
- وضو کرنے سے قبل اس طرح نیت کیجئے ''حکم الٰہی بجالانے اور حصولِ ثواب کی نیت سے وضو کرتا ہوں۔
- وضو کرنے سے پہلے بِسْمِ اللّٰه پڑھنا سنت ہے۔
- ہوسکے تو بِسْمِ اللّٰهِ وَالْحَمْدُ لِلّٰه کہہ لیجئے کہ جب تک وضو باقی رہے گا آپ کے نامۂ اعمال میں نیکیاں لکھی جاتی رہیں گی۔
- اب تین تین بار دونوں ہاتھوں کو گٹّوں تک دھوئیں، انگلیوں کا خلال بھی کیجئے۔
- سنّت کے مُطابِق مِسْواک شریف کیجئے۔
- پھر تین بار کلیاں کیجئے، روزہ نہ ہو تو غَرغَرہ کیجئے۔
- پھر تین بار ناک میں پانی چڑھایئے روزہ نہ ہو تو ناک کی جڑ تک پانی پہُنچایئے اور الٹے ہاتھ کی چھوٹی انگلی سے ناک بھی صاف کیجئے۔
- پھر تین بار چہرے کو اس طرح دھویئے کہ پیشانی کی جڑ سے ٹھوڑی تک اور ایک کان کی لو سے دوسرے کان کی لو تک پانی بہہ جائے۔
- پھر تین بار کہنیوں سمیت دونوں ہاتھ اس طرح دھویئے کہ کہنیوں سے ناخن تک کوئی جگہ

دھلنے سے نہ رہے۔

- پھر دونوں ہاتھ تر کر کے ایک مرتبہ پورے سر کا مسح کیجئے۔
- پھر شہادت کی انگلی سے کانوں کے اندرونی حصے کا اور انگوٹھوں سے بیرونی حصے کا اور ہاتھوں کی پشت سے گردن کا مسح کیجئے۔
- پھر دونوں پیر ٹخنوں سمیت دھویئے، پہلے دائیں پیر کو پھر بائیں پیر کو دھویئے، دونوں پیر کی انگلیوں کے دَرْمیان بائیں ہاتھ کی چھوٹی انگلی سے خِلال کیجئے۔
- دائیں پیر کی چھوٹی انگلی سے خِلال شروع کر کے بائیں پیر کی چھوٹی انگلی پر ختم کیجئے۔

نوٹ: مَدَنی مُنّوں کو وضو خانے پر وضو کی عَمَلی تربیت دیجئے اور پانی کے اِسْتِعْمال میں اِسراف سے بچنے کی تلقین کیجئے۔

حُجَّۃُ الْاِسْلام امام محمد غزالی عَلَیْہِ رَحمَۃُ اللہِ الْوَالی فرماتے ہیں: ''ہر ہر عُضْو دھوتے وقت یہ اُمّید کرتا رہے کہ میرے اس عُضْو کے گناہ دھل رہے ہیں۔'' [1]

- وضو کے بعد یہ دعا بھی پڑھ لیجئے (اول و آخر درود شریف)

اَللّٰھُمَّ اجْعَلْنِیْ مِنَ التَّوَّابِیْنَ وَاجْعَلْنِیْ مِنَ الْمُتَطَھِّرِیْنَ [2]

ترجمہ: اے **اللہ** عَزَّوَجَلَّ! مجھے کثرت سے توبہ کرنے والوں میں بنادے اور مجھے پاکیزہ رہنے والوں میں شامل کردے۔

---

[1] ...... احیاء علوم الدین، کتاب اسرار الطھارۃ، ج ۱، ص ۱۸۳

[2] ...... المرجع السابق، ص ۱۸۴

جنّت کے آٹھوں دروازے کھل جاتے ہیں

حدیثِ پاک میں ہے: ''جس نے اچھی طرح وضو کیا، پھر آسمان کی طرف نگاہ اٹھائی اور کلمۂ شہادت پڑھا اس کے لئے جنّت کے آٹھوں دروازے کھول دیئے جاتے ہیں جس سے چاہے اندر داخل ہو۔'' ①

وُضو کے بعد سورۂ قدر پڑھنے کے فضائل

حدیثِ مُبارَکہ میں ہے: ''جو وضو کرنے کے بعد ایک مرتبہ سورۂ قدر پڑھے تو وہ صِدّیْقِین میں سے ہے اور جو دو مرتبہ پڑھے تو شُہَدا میں شمار کیا جائے اور جو تین مرتبہ پڑھے گا تو اللہ عَزَّوَجَلَّ میدانِ محشر میں اسے انبیائے کرام عَلَیۡہِمُ الصَّلٰوۃُ وَالسَّلَام کے ساتھ رکھے گا۔'' ②

نظر کبھی کمزور نہ ہو

جو وضو کے بعد آسمان کی طرف دیکھ کر سورۂ قدر پڑھ لیا کرے اِنۡ شَآءَ اللہ عَزَّوَجَلَّ اس کی نظر کبھی کمزور نہ ہوگی۔ ③

دھونے کی تعریف

کسی عُضو کو دھونے کے یہ معنٰی ہیں کہ اس عُضو کے ہر حصہ پر کم از کم دو قطرے پانی بہہ جائے۔ صرف بھیگ جانے یا پانی کو تیل کی طرح چُپڑ لینے یا ایک قطرہ بہہ جانے کو دھونا نہیں کہیں گے نہ اس طرح وضو ہوگا اور نہ ہی غسل۔

---

[۱] ...... السنن الکبریٰ للنسائی، کتاب عمل الیوم واللیلۃ، الحدیث: ۹۹۱۲، ج۶، ص۲۵

[۲] ...... کنز العمال، الحدیث: ۲۶۰۸۵، ج۹، ص۱۳۲

[۳] ...... مسائل القران، ص۲۹۱ رومی پبلی کیشنز لاہور

اَذان

سوال اَذان کسے کہتے ہیں؟

جواب مسلمانوں کونماز کی طرف بُلانے کے لئے ایک خاص اِعلان کو ''اَذان'' کہتے ہیں۔

سوال کیا اَذان فَرض ہے؟

جواب جی نہیں! بلکہ پانچ وقت کی فَرض نماز جو جماعت کے ساتھ مَسْجِد میں اَدا کی جائے اُس کے لئے اَذان سُنّتِ مُؤَکَّدہ ہے۔

سوال کیا اَذان سے پہلے دُرود شریف پڑھ سکتے ہیں؟

جواب جی ہاں! اَذان سے پہلے دُرود شریف پڑھنا ثواب کا کام ہے۔

سوال جب اَذان ہوتو کیا کرنا چاہیے؟

جواب اَذان کے احترام میں گُفتگو اور تمام کام روک کر اَذان کا جواب دینا چاہیے۔

سوال اَذان کے الفاظ کیا ہیں؟ **جواب** اَذان کے الفاظ یہ ہیں:

اَللّٰہُ اَکْبَرُ اَللّٰہُ اَکْبَرُ

اَللّٰہُ اَکْبَرُ اَللّٰہُ اَکْبَرُ

اَشْھَدُ اَنْ لَّآ اِلٰہَ اِلَّا اللّٰہُ اَشْھَدُ اَنْ لَّآ اِلٰہَ اِلَّا اللّٰہُ

اَشْھَدُ اَنَّ مُحَمَّدًا رَّسُوْلُ اللّٰہِ اَشْھَدُ اَنَّ مُحَمَّدًا رَّسُوْلُ اللّٰہِ

حَیَّ عَلَی الصَّلٰوۃِ حَیَّ عَلَی الصَّلٰوۃِ

حَیَّ عَلَی الْفَلَاحِ حَیَّ عَلَی الْفَلَاحِ

اَللّٰہُ اَکْبَرُ اَللّٰہُ اَکْبَرُ

لَآ اِلٰہَ اِلَّا اللّٰہُ

نماز کی شرائط

سوال نماز کی کتنی شرائط ہیں؟

جواب نماز کی چھ شرائط ہیں:

(۱) طہارت (۲) سَترِ عورت (۳) اِستقبالِ قبلہ

(۴) وقت (۵) نیت (۶) تکبیر تحریمہ

سوال **طہارت** سے کیا مراد ہے؟

جواب **طہارت** سے مراد ہے کہ نمازی کا بدن، لباس اور جس جگہ نماز پڑھ رہا ہے وہ جگہ ہر قسم کی نجاست سے پاک ہو۔

سوال **سَترِ عورت** کا کیا مَطْلَب ہے؟

جواب **سَترِ عورت** کا مَطْلَب یہ ہے کہ مرد کے لئے ناف کے نیچے سے لے کر گھٹنوں سمیت بدن کا سارا حصہ چھپا ہونا ضروری ہے۔ جبکہ اسلامی بہنوں کے لئے ان پانچ اعضا یعنی منہ کی ٹکلی، دونوں ہتھیلیوں اور دونوں پاؤں کے تلووں کے علاوہ سارا جسم چھپانا لازمی ہے۔

سوال **استقبالِ قبلہ** کسے کہتے ہیں؟

جواب نماز میں قبلہ یعنی کعبہ کی طرف منہ کرنے کو **استقبالِ قبلہ** کہتے ہیں۔

سوال **وقت** سے کیا مراد ہے؟

جواب اس سے مراد یہ ہے کہ جو نماز پڑھنی ہے اس کا وقت ہونا ضروری ہے۔

سوال نیت کا کیا مطلب ہے؟

جواب نیت دل کے پکے ارادے کا نام ہے زبان سے نیت کرنا ضروری نہیں ہے البتہ دل میں نیت حاضر ہوتے ہوئے زبان سے کہہ لینا بہتر ہے۔

سوال تکبیر تحریمہ سے کیا مراد ہے؟

جواب نماز شروع کرنے کے لئے تکبیر یعنی اَللّٰہُ اَکۡبَر کہنے کو تکبیر تحریمہ کہتے ہیں۔

نماز کے فرائض

سوال نماز کے کتنے فرائض ہیں؟

جواب نماز کے سات فرائض ہیں:

(۱) تکبیرِ تحریمہ (۲) قیام (۳) قراءت (۴) رُکُوع

(۵) سَجدہ (۶) قعدۂ اخیرہ (۷) خُرُوج بِصُنعِہ

سوال تکبیر اُولیٰ سے کیا مراد ہے؟

جواب تکبیر تحریمہ کو تکبیر اُولیٰ بھی کہتے ہیں یہ نماز کی شرائط میں آخری شرط اور فرائض میں پہلا فرض ہے اور اس سے مراد نماز شروع کرنے کے لئے تکبیر یعنی اَللّٰہُ اَکۡبَر کہنا ہے۔

سوال قیام کسے کہتے ہیں؟

جواب تکبیر تحریمہ کے بعد سیدھا کھڑا ہونے کو قیام کہتے ہیں، قیام اتنی دیر تک ہے جتنی دیر تک قراءت ہے۔

سوال قراءت کا کیا مَطْلَب ہے؟

جواب قراءت کا مَطْلَب ہے کہ تمام حُرُوف مخارج سے ادا کیے جائیں آہستہ پڑھنے میں یہ بھی ضروری ہے کہ خود سن لے۔

سوال رُکوع سے کیا مراد ہے؟

جواب قراءت کے بعد اتنا جھکنا کہ ہاتھ بڑھائے تو گھٹنوں تک پَہُنچ جائیں رُکُوع کہلاتا ہے اور یہ رُکُوع کا اَدنیٰ دَرَجہ ہے اور مرد کے لئے مکمل پیٹھ سیدھی کرنا رُکُوع کا کامل دَرَجہ ہے۔

سوال سَجْدہ سے کیا مراد ہے؟

جواب رُکُوع کے بعد سات ہڈیوں یعنی دونوں ہاتھ، دونوں پاؤں، دونوں گھٹنوں اور ناک کی ہڈی کو زمین پر لگانا سَجْدہ کہلاتا ہے۔ سَجْدے میں پیشانی اس طرح جمائیں کہ زمین کی سختی محسوس ہو۔ ہر رَکْعَت میں دو بار سجدہ فَرْض ہے۔

سوال قعدۂ اخیرہ سے کیا مراد ہے؟

جواب نماز کی رکعتیں پوری کرنے کے بعد اتنی دیر بیٹھنا کہ پوری تَشَہُّد (یعنی پوری التحیات) عَبْدُہٗ وَرَسُوْلُہٗ تک پڑھ لی جائے قعدۂ اخیرہ کہلاتا ہے اور یہ بھی فَرْض ہے۔

سوال خُرُوج بِصُنعِہٖ کیا ہے؟

جواب قعدۂ اخیرہ کے بعد سلام پھیر کر نماز ختم کرنا۔

نماز کا طریقہ

نماز کا طریقہ

- باوضو قبلہ رو کھڑے ہوں دونوں ہاتھ کانوں تک لے جائیے۔
- جب ہاتھ اٹھائیں تو انگلیاں نہ ملی ہوں نہ خوب کھلی ہوں اور ہتھیلیاں قبلہ کی طرف ہوں۔
- پھر جو نماز پڑھ رہے ہیں اس کی نیت کیجئے زبان سے دُہرانا بہتر ہے۔
- پھر تکبیرِ اُولیٰ یعنی اَللّٰہُ اَکْبَر کہتے ہوئے ہاتھ ناف کے نیچے باندھ لیجئے۔
- اب ثنا پڑھیے یعنی:

سُبْحٰنَكَ اللّٰهُمَّ وَبِحَمْدِكَ وَتَبَارَكَ اسْمُكَ
وَتَعَالٰى جَدُّكَ وَلَآ اِلٰهَ غَيْرُكَ

- پھر تعوُّذ یعنی اَعُوْذُ بِاللّٰهِ مِنَ الشَّيْطٰنِ الرَّجِيْمِ پڑھیے۔
- پھر تَسمیہ یعنی بِسْمِ اللّٰهِ الرَّحْمٰنِ الرَّحِيْمِ پڑھیے۔
- مکمل سورۂ فاتحہ پڑھیے یعنی:

اَلْحَمْدُ لِلّٰهِ رَبِّ الْعٰلَمِيْنَ ۙ۝۱ الرَّحْمٰنِ الرَّحِيْمِ ۙ۝۲
مٰلِكِ يَوْمِ الدِّيْنِ ؕ۝۳ اِيَّاكَ نَعْبُدُ وَ اِيَّاكَ نَسْتَعِيْنُ ؕ۝۴
اِهْدِنَا الصِّرَاطَ الْمُسْتَقِيْمَ ۙ۝۵ صِرَاطَ الَّذِيْنَ اَنْعَمْتَ

عَلَیۡہِمۡ ۬ۙ غَیۡرِ الۡمَغۡضُوۡبِ عَلَیۡہِمۡ وَ لَا الضَّآلِّیۡنَ ﴿۷﴾

سورۂ فاتحہ پڑھنے کے بعد آہستہ آمین کہئے اس کے بعد تین چھوٹی یا کوئی بھی ایک بڑی آیت جو تین آیات کے برابر ہو یا کوئی بھی سورت پڑھئے مثلاً سورۂ اخلاص یعنی:

قُلۡ ہُوَ اللّٰہُ اَحَدٌ ۚ﴿۱﴾ اَللّٰہُ الصَّمَدُ ۚ﴿۲﴾ لَمۡ یَلِدۡ ۬ۙ
وَ لَمۡ یُوۡلَدۡ ۙ﴿۳﴾ وَ لَمۡ یَکُنۡ لَّہٗ کُفُوًا اَحَدٌ ٪﴿۴﴾

اب اَللّٰہُ اَکۡبَر کہتے ہوئے رُکُوع کیجئے اور رکوع کی تسبیح یعنی سُبۡحَانَ رَبِّیَ الۡعَظِیۡمِ تین یا پانچ بار پڑھئے۔

پھر تسمیع یعنی سَمِعَ اللّٰہُ لِمَنۡ حَمِدَہٗ کہتے ہوئے بالکل سیدھے کھڑے ہو جائیے، اس کھڑے ہونے کو قومہ کہتے ہیں۔

اگر اکیلے نماز پڑھ رہے ہیں تو اَللّٰھُمَّ رَبَّنَا وَلَكَ الۡحَمۡدُ بھی پڑھئے۔

پھر اَللّٰہُ اَکۡبَر کہتے ہوئے سَجۡدے میں جائیے اور پاؤں کی دسوں انگلیوں کا رُخ جانبِ قبلہ رہے، پھر سَجۡدے کی تسبیح یعنی سُبۡحَانَ رَبِّیَ الۡاَعۡلٰی تین یا پانچ بار پڑھئے۔

دونوں سجدوں کے دَرمیان بیٹھنے کو ”جلسہ“ کہتے ہیں، اس دوران ایک مرتبہ سُبۡحَانَ اللّٰہِ کہنے کی مقدار ٹھہریئے پھر اَللّٰہُ اَکۡبَر کہتے ہوئے دوسرا سجدہ کیجئے۔

یہ ایک رَکْعَت پوری ہوئی اسی طرح دوسری رکعت بھی ادا کیجئے۔

- دو رَکْعَت کے بعد التحیات پڑھنے کے لئے بیٹھنے کو قعدہ کہتے ہیں۔
- قعدہ میں اب تَشَہُّد پڑھئے یعنی

اَلتَّحِیَّاتُ لِلّٰهِ وَالصَّلَوٰتُ وَالطَّیِّبٰتُ اَلسَّلَامُ عَلَیْكَ اَیُّهَا النَّبِیُّ وَرَحْمَةُ اللّٰهِ وَبَرَكَاتُهٗ اَلسَّلَامُ عَلَیْنَا وَعَلٰی عِبَادِ اللّٰهِ الصّٰلِحِیْنَ اَشْهَدُ اَنْ لَّآ اِلٰهَ اِلَّا اللّٰهُ وَ اَشْهَدُ اَنَّ مُحَمَّدًا عَبْدُهٗ وَرَسُوْلُهٗ

- جب تَشَہُّد میں لفظِ ''لَا'' کے قریب پہنچیں تو سیدھے ہاتھ کی بیچ کی انگلی اور انگوٹھے کا حلقہ بنا لیجئے اور چھوٹی انگلی اور اس کے برابر والی انگلی کو ہتھیلی سے ملا دیجئے۔
- پھر لفظِ ''لَا'' کہتے ہوئے کلمہ کی انگلی اٹھائیے اور لفظِ ''اِلَّا'' پر گرا کر تمام انگلیاں سیدھی کر لیجئے۔
- اگر زیادہ رَکْعَتیں پڑھ رہے ہیں تو اَللّٰهُ اَکْبَر کہہ کر دوبارہ کھڑے ہو جائیے۔
- اگر فَرْض نماز پڑھ رہے ہیں تو تیسری اور چوتھی رَکْعَت کے قیام میں بِسْمِ اللّٰه اور اَلْحَمْد شریف بھی پڑھئے مگر سورت نہ ملائیے۔
- تمام رَکْعَتیں پوری کر کے بیٹھنے کو قعدۂ اخیرہ کہتے ہیں۔
- قعدۂ اخیرہ میں التحیات کے بعد دُرُودِ ابراہیمی پڑھئے۔ یعنی

اَللّٰھُمَّ صَلِّ عَلٰی مُحَمَّدٍ وَّ عَلٰٓی اٰلِ مُحَمَّدٍ کَمَا صَلَّیْتَ عَلٰٓی اِبْرٰھِیْمَ وَعَلٰٓی اٰلِ اِبْرٰھِیْمَ اِنَّکَ حَمِیْدٌ مَّجِیْدٌ ۝ اَللّٰھُمَّ بَارِکْ عَلٰی مُحَمَّدٍ وَّ عَلٰٓی اٰلِ مُحَمَّدٍ کَمَا بَارَکْتَ عَلٰٓی اِبْرٰھِیْمَ وَ عَلٰٓی اٰلِ اِبْرٰھِیْمَ اِنَّکَ حَمِیْدٌ مَّجِیْدٌ ۝

پھر کوئی دعائے ماثورہ پڑھیے۔ مثلاً......

اَللّٰھُمَّ رَبِّ اجْعَلْنِیْ مُقِیْمَ الصَّلٰوۃِ وَمِنْ ذُرِّیَّتِیْ ۖ رَبَّنَا وَتَقَبَّلْ دُعَآءِ ۝ رَبَّنَا اغْفِرْ لِیْ وَلِوَالِدَیَّ وَلِلْمُؤْمِنِیْنَ یَوْمَ یَقُوْمُ الْحِسَابُ ۝

رَبَّنَآ اٰتِنَا فِی الدُّنْیَا حَسَنَۃً وَّفِی الْاٰخِرَۃِ حَسَنَۃً وَّقِنَا عَذَابَ النَّارِ ۝

اس کے بعد نماز ختم کرنے کے لئے دائیں کندھے کی طرف منہ کر کے اَلسَّلَامُ عَلَیْکُمْ وَرَحْمَۃُ اللّٰہِ کہئے، پھر بائیں کندھے کی طرف بھی منہ کر کے اَلسَّلَامُ عَلَیْکُمْ وَرَحْمَۃُ اللّٰہِ کہتے ہوئے سلام پھیریئے۔

نعت شریف

مَدَنی مدینے والے [1]

مجھے در پہ پھر بلانا مدنی مدینے والے
مئے عشق بھی پلانا مدنی مدینے والے

مری آنکھ میں سمانا مدنی مدینے والے
بنے دل ترا ٹھکانہ مدنی مدینے والے

تری جبکہ دید ہوگی جبھی میری عید ہوگی
مرے خواب میں تو آنا مدنی مدینے والے

مجھے غم ستا رہے ہیں مری جان کھا رہے ہیں
تمہیں حوصلہ بڑھانا مدنی مدینے والے

میں اگرچہ ہوں کمینہ ترا ہوں شہ مدینہ
مجھے قدموں سے لگانا مدنی مدینے والے

ترا تجھ سے ہوں سوالی شہا پھیرنا نہ خالی
مجھے اپنا تو بنانا مدنی مدینے والے

یہ مریض مر رہا ہے ترے ہاتھ میں شفا ہے
اے طبیب! جلد آنا مدنی مدینے والے

تو ہی انبیا کا سرور تو ہی دو جہاں کا یاوَر
تو ہی رہبرِ زمانہ مدنی مدینے والے

تو خدا کے بعد بہتر ہے سبھی سے میرے سروَر
ترا ہاشمی گھرانا مدنی مدینے والے

تری فرش پر حکومت تری عرش پر حکومت
تو شہنشہِ زمانہ مدنی مدینے والے

یہ کرم بڑا کرم ہے ترے ہاتھ میں بھرم ہے
سرِ حشر بخشوانا مدنی مدینے والے

شہا! ایسا جذبہ پاؤں کہ میں خوب سیکھ جاؤں
تری سنتیں سکھانا مدنی مدینے والے

مرے غوث کا وسیلہ رہے شاد سب قبیلہ
انہیں خُلد میں بسانا مدنی مدینے والے

ترے غم میں کاش! عطّار رہے ہر گھڑی گرفتار
غمِ مال سے بچانا مدنی مدینے والے

---

[1] ......وسائلِ بخشش، ص ۲۸۳ تا ۲۸۸ ملتقطاً

مَدَنی پُھول

ہاتھ مِلانے کے مَدَنی پُھول

- دو مسلمانوں کا بوقتِ ملاقات سلام کر کے دونوں ہاتھوں سے مُصافحہ کرنا یعنی دونوں ہاتھ ملانا سنّت ہے۔ [1]
- رخصت ہوتے وَقت بھی سلام کیجئے اور ہاتھ بھی ملا سکتے ہیں۔
- **اللہ** عَزَّوَجَلَّ کی خاطر آپس میں مَحبّت رکھنے والے جب آپس میں ملتے ہیں اور مُصافَحہ کرتے ہیں اور نبیِّ کریم صَلَّی اللّٰہُ تَعَالٰی عَلَیْہِ وَاٰلِہٖ وَسَلَّم پر دُرُود پاک پڑھتے ہیں تو ان دونوں کے جدا ہونے سے پہلے پہلے دونوں کے **اگلے پچھلے گناہ** بخش دیئے جاتے ہیں۔ [2]
- ہاتھ ملاتے وقت درود شریف پڑھ کر ہو سکے تو یہ دعا بھی پڑھ لیجئے: **یَغْفِرُ اللّٰہُ لَنَا وَلَکُم** (یعنی **اللہ** عَزَّوَجَلَّ ہماری اور تمہاری مغفِرت فرمائے)
- دو مسلمان ہاتھ ملانے کے دَوران جو دعا مانگیں گے **اِنْ شَآءَ اللہ** عَزَّوَجَلَّ قبول ہوگی اور ہاتھ جدا ہونے سے پہلے پہلے دونوں کی مغفرت ہو جائے گی۔
- آپس میں ہاتھ ملانے سے دُشمنی دُور ہوتی ہے۔ [3]

---

[1] ......الدر المختار، کتاب الحظر والاباحۃ، باب الاستبراء وغیرہ، ج ۹، ص ۶۲۹

[2] ......مسند ابی یعلٰی، الحدیث: ۲۹۵۱، ج ۳، ص ۹۵

[3] ......الموطا للامام مالک، کتاب حسن الخلق، الحدیث: ۱۷۳۱، ج ۲، ص ۴۰۷

فرمانِ مُصطَفٰے صَلَّی اللّٰہُ تَعَالٰی عَلَیۡہِ وَاٰلِہٖ وَسَلَّم ہے: جو مسلمان اپنے بھائی سے مُصافحہ کرے اور کسی کے دل میں دوسرے سے عداوت نہ ہو تو ہاتھ جدا ہونے سے پہلے اللہ عَزَّوَجَلَّ دونوں کے گزَشتہ گناہوں کو بخش دے گا اور جو کوئی اپنے مسلمان بھائی کی طرف محبَّت بھری نظر سے دیکھے اور اُس کے دل یا سینے میں عداوت نہ ہو تو نگاہ لوٹنے سے پہلے دونوں کے پچھلے گناہ بخش دیئے جائیں گے۔[1]

جتنی بار ملاقات ہو ہر بار ہاتھ ملانا مستحب ہے۔[2]

دونوں طرف سے ایک ایک ہاتھ ملانا سنّت نہیں مصافحہ دو ہاتھ سے کرنا سنّت ہے۔[3]

بعض لوگ صِرف اُنگلیاں ہی آپس میں ٹکرا دیتے ہیں یہ بھی سُنّت نہیں۔[4]

ہاتھ ملانے کے بعد خود اپنا ہی ہاتھ چوم لینا مکروہ ہے۔[5]

مُصافَحَہ کرتے (یعنی ہاتھ ملاتے) وقت سنّت یہ ہے کہ ہاتھ میں کوئی چیز مثلاً رومال وغیرہ حائل نہ ہو، دونوں ہتھیلیاں خالی ہوں اور ہتھیلی سے ہتھیلی ملنی چاہیے۔[6]

---

[1] ...... کنز العمال، کتاب الصحبة، الحديث: ۲۵۳۵۸، ج ۹، ص ۵۷

[2] ...... رد المحتار، کتاب الحظر والاباحة، باب الاستبراء وغیرہ، ج ۹، ص ۶۲۸

[3] ...... المرجع السابق، ص ۶۲۹

[4] ...... المرجع السابق

[5] ...... تبيين الحقائق، کتاب الکراهية، فصل فی الاستبراء وغیرہ، ج ۷، ص ۵۶

[6] ...... رد المحتار، کتاب الحظر والاباحة، باب الاستبراء وغیرہ، ج ۹، ص ۶۲۹

ناخُن کاٹنے کے مَدَنی پھول

- جُمُعہ کے دن ناخن کاٹنا مُستَحَب ہے۔ اگر زیادہ بڑھ گئے ہوں تو جُمُعہ کا اِنتظار نہ کیجئے۔ (۱)
- **صدرُ الشَّریعہ، بدرُ الطَّریقہ** مولانا امجد علی اعظمی عَلَیْہِ رَحمَۃُ اللہِ الْقَوِی فرماتے ہیں کہ **منقول** ہے: جو جُمُعہ کے روز ناخُن تَرَشوائے (کاٹے) **اللہ** عَزَّوَجَلَّ اُس کو دوسرے جُمُعے تک بلاؤں سے محفوظ رکھے گا اور تین دن زائد یعنی دس دن تک۔ ایک روایت میں یہ بھی ہے کہ جو جُمُعہ کے دن ناخُن تَرَشوائے (کاٹے) تو رَحمت آئے گی اور گُناہ جائیں گے۔ (۲)
- ہاتھوں کے ناخُن کاٹنے کا طَریقہ یہ ہے کہ پہلے سیدھے ہاتھ کی شہادت کی انگلی سے شُروع کر کے ترتیب وار چھنگلیا (یعنی چھوٹی انگلی) سَمیت ناخُن کاٹے جائیں مگر انگوٹھا چھوڑ دیجئے۔ اب اُلٹے ہاتھ کی چھنگلیا (یعنی چھوٹی انگلی) سے شروع کر کے ترتیب وار انگوٹھے سَمیت ناخُن کاٹ لیجئے۔ اب آخر میں سیدھے ہاتھ کے انگوٹھے کا ناخُن کاٹا جائے۔
- پاؤں کے ناخُن کاٹنے کی کوئی ترتیب مَنقول نہیں، بہتر یہ ہے کہ سیدھے پاؤں کی چھنگلیا (یعنی چھوٹی انگلی) سے شُروع کر کے ترتیب وار انگوٹھے سَمیت ناخُن کاٹ لیجئے پھر اُلٹے پاؤں کے انگوٹھے سے شُروع کر کے چھنگلیا سَمیت ناخُن کاٹ لیجئے۔ (۳)

---

(۱) ......بہارِ شریعت، حصہ ۱۶، ص ۲۲۵
(۲) ......المرجع السابق، ص ۲۲۶
(۳) ......المرجع السابق، ص ۲۲۶ تا ۲۲۷

- دانت سے ناخُن کاٹنا مکروہ ہے اور اس سے برص یعنی کوڑھ کے مرض کا اندیشہ ہے۔[1]
- ناخُن کاٹنے کے بعد ان کو دَفن کر دیجئے اور اگر ان کو پھینک دیں تو بھی حَرَج نہیں۔
- ناخُن کا تَراشہ (یعنی کٹے ہوئے ناخن) بیتُ الخَلا یا غسل خانے میں ڈال دینا مکروہ ہے کہ اس سے بیماری پیدا ہوتی ہے۔[2]
- بدھ کے دن ناخُن نہیں کاٹنے چاہئیں کہ برص یعنی کوڑھ ہو جانے کا اندیشہ ہے البتہ اگر اُنتالیس (39) دن سے نہیں کاٹے تھے، آج بدھ کو چالیسواں دن ہے اگر آج نہیں کاٹتا تو چالیس دن سے زائد ہو جائیں گے تو اس پر واجِب ہوگا کہ آج ہی کے دن کاٹے اس لیے کہ چالیس دن سے زائد ناخُن رکھنا ناجائز و مکروہِ تحریمی ہے۔[3]

صبر و تحمل کی اعلیٰ مثال

حُجَّۃُ الْاِسلام حضرت سیِّدُنا امام محمد غزالی عَلَیْہِ رَحمَۃُ اللہِ الْوَالِی نقل فرماتے ہیں: کسی شخص نے امیر المومنین سیِّدُنا عمر بن عبدالعزیز عَلَیْہِ رَحمَۃُ اللہِ الْعَزِیز سے سخت کلامی کی۔ آپ نے سر جھکا لیا اور فرمایا: کیا تم یہ چاہتے ہو کہ مجھے غُصّہ آجائے اور شیطان مجھے تکبر اور حکومت کے غُرور میں مبتلا کرے اور میں تم کو ظلم کا نشانہ بناؤں اور بَروزِ قِیامت تم مجھ سے اِس کا بدلہ لو مجھ سے یہ ہرگز نہیں ہوگا۔ یہ فرما کر خاموش ہو گئے۔ (کیمیائے سعادت ج ۲ ص ۵۹۷ انتشارات گنجینہ تہران)

---

[1]...... المرجع السابق، ص ۲۲۷

[2]...... بہارِ شریعت، حصہ ۱۶، ص ۲۳۱

[3]...... فتاویٰ رضویہ، ج ۲۲، ص ۶۸۵ ملخصاً

گھر میں آنے جانے کے مَدَنی پھول

گھر میں داخل ہونے سے پہلے یہ دعا پڑھئے:

بِسْمِ اللّٰہِ وَلَجْنَا بِسْمِ اللّٰہِ خَرَجْنَا وَعَلٰی رَبِّنَا تَوَکَّلْنَا [1]

ترجمہ: **اللّٰہ** عَزَّوَجَلَّ کے نام سے ہم (گھر میں) داخل ہوئے اور **اللّٰہ** عَزَّوَجَلَّ کے نام سے ہی باہر نکلے اور ہم نے اپنے ربّ پر ہی بھروسہ کیا۔

- نگاہیں نیچی کر کے گھر میں داخل ہوں۔
- پہلے دایاں پاؤں رکھئے۔
- گھر میں داخل ہوں تو پہلے سلام کیجئے۔
- گھر سے باہر جائیں تو بھی سلام کیجئے۔
- گھر سے نکلتے وقت پہلے بایاں پاؤں باہر نکالئے۔
- جب گھر سے باہر نکلیں تو یہ دعا پڑھئے۔

بِسْمِ اللّٰہِ تَوَکَّلْتُ عَلَی اللّٰہِ لَا حَوْلَ وَلَا قُوَّۃَ اِلَّا بِاللّٰہِ ؕ [2]

ترجمہ: **اللّٰہ** عَزَّوَجَلَّ کے نام سے (میں نکلتا ہوں اور) میں نے **اللّٰہ** عَزَّوَجَلَّ پر بھروسا کیا، گناہ سے بچنے کی قُوّت اور نیکی کرنے کی طاقت **اللّٰہ** عَزَّوَجَلَّ ہی کی طرف سے ہے۔

[1]...... سنن ابی داود، کتاب الادب، الحدیث: ۵۰۹۶، ج ۴، ص ۴۲۰

[2]...... سنن ابی داود، کتاب الادب، الحدیث: ۵۰۹۵، ج ۴، ص ۴۲۰

جوتے پہننے کے مَدَنی پھول

- جوتا پہننے سے پہلے جھاڑ لیجئے۔
- پھر بِسۡمِ اللّٰہِ الرَّحۡمٰنِ الرَّحِیۡمِ پڑھ کر پہنئے۔
- پہلے دائیں پاؤں میں پھر بائیں پاؤں میں جوتا پہنئے۔
- جوتے کو پہلے بائیں پاؤں سے پھر دائیں پاؤں سے اتاریئے۔
- ایک جوتا پہن کر نہ چلئے۔ دونوں پہن لیجئے یا دونوں اتار دیجئے۔
- بیٹھیں تو جوتے اتار لیجئے۔

لباس پہننے کے مَدَنی پھول

- سفید لباس ہر لباس سے بہتر ہے۔
- پاجامہ ٹخنوں سے اُوپر رکھئے۔
- کپڑے پہنتے وقت دائیں طرف سے شروع کیجئے۔
- پہلے کُرتے کی دائیں آستین میں ہاتھ داخل کیجئے پھر بائیں آستین میں۔
- اسی طرح پہلے پاجامے کے دائیں پائنچے میں دایاں پاؤں داخل کیجئے پھر بائیں پائنچے میں بایاں۔
- کپڑوں کو اتارتے وقت بائیں طرف سے شروع کیجئے۔

سُرمہ لگانے کے مَدَنی پھول

”اِثمد“ کے چار حُرُوف کی نسبت سے سُرمہ لگانے کے 4 مَدَنی پھول

- تمام سُرموں میں بہتر سُرمہ ”اِثمِد“ (اِث۔مِد) ہے کہ یہ نگاہ کو روشن کرتا اور پلکیں اُگاتا ہے۔[1]
- پتّھر کا سُرمہ استعمال کرنے میں حَرَج نہیں اور سیاہ سُرمہ یا کاجل بقصدِ زینت (یعنی زینت کی نیّت سے) مرد کو لگانا مکروہ ہے اور زینت مقصود نہ ہو تو کراہت نہیں۔[2]
- سُرمہ سوتے وقت استِعمال کرنا سنت ہے۔[3]
- سُرمہ استعمال کرنے کے تین منقول طریقوں کا خلاصہ پیش خدمت ہے:

(۱) کبھی دونوں آنکھوں میں تین تین سَلائیاں۔

(۲) کبھی دائیں آنکھ میں تین اور بائیں میں دو۔

(۳) تو کبھی دونوں آنکھوں میں دو دو اور پھر آخِر میں ایک سَلائی باری باری دونوں آنکھوں میں لگائیے۔[4]

[1] ......سنن الترمذی، کتاب اللباس، الحدیث: ۱۷۶۳، ج ۳، ص ۲۹۳

[2] ......فتاوی هندیه، کتاب الکراهیة، ج ۵، ص ۳۵۹

[3] ......المرجع السابق، ص ۲۹۴

[4] ......سنّتیں اور آداب، ص ۵۸

تیل ڈالنے کے مدنی پھول

- سر میں تیل ڈالنے سے پہلے بِسْمِ اللّٰهِ الرَّحْمٰنِ الرَّحِيْمِ پڑھیں۔

- شیشی دائیں ہاتھ سے پکڑ کر بائیں ہاتھ میں تیل ڈالئے۔
- دائیں ہاتھ کی انگلی سے دائیں اور پھر بائیں طرف کے ابرو پر تیل لگائیے۔
- اس کے بعد دائیں اور پھر بائیں پلک پر۔
- پھر بِسْمِ اللّٰهِ الرَّحْمٰنِ الرَّحِيْمِ پڑھ کر سر میں تیل ڈالئے۔

کنگھا کرنے کے مدنی پھول

- پہلے بِسْمِ اللّٰهِ الرَّحْمٰنِ الرَّحِيْمِ پڑھیے۔

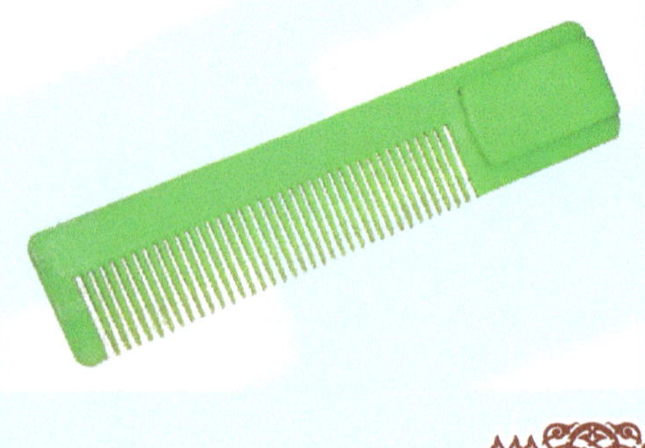

- دائیں طرف سے کنگھا کرنا سنت ہے۔[1]
- پہلے دائیں اَبرو پر کنگھا کیجئے پھر بائیں اَبرو پر۔
- پھر سر میں دائیں طرف کنگھا کیجئے پھر بائیں طرف۔

---

[1] ......الشمائل المحمدية للترمذي، باب ما جاء في ترجل رسول الله، الحديث: ٣٣، ص ٤٠

بیت الخلا میں آنے جانے کے مَدَنی پھول

- بیت الخلا میں پہلے اُلٹا پاؤں رکھئے۔[1]
- جب تک بیٹھنے کے قریب نہ ہوں کپڑا بدن سے نہ ہٹایئے اور نہ ضرورت سے زیادہ کھولئے۔[2]
- کھڑے کھڑے پیشاب نہ کیجئے کہ ایسا کرنا مکروہ ہے۔[3]
- جس جگہ وضو اور غسل کیا جاتا ہے وہاں پیشاب کرنا مکروہ ہے اور اس سے وسوسے بھی آتے ہیں۔[4]
- دودھ پیتے مُنّے یا مُنّی کا پیشاب بھی ایسا ہی ناپاک ہے جیسا کہ بڑوں کا ناپاک ہوتا ہے۔[5]
- سیدھے ہاتھ سے اِستِنجا کرنا مکروہ ہے۔[6]
- کاغذ سے اِستِنجا کرنا مَنع ہے اگرچہ اس پر کچھ بھی نہ لکھا ہو۔[7]

---

[1] ……رد المحتار، کتاب الطهارة، فصل الاستنجاء، مطلب في الفرق بين الاستبراء……الخ، ج ١، ص ٦١٥

[2] ……المرجع السابق

[3] ……فتاوی هندیه، کتاب الطهارة، الباب السابع في النجاسة واحكامها، الفصل الثالث، ج ١، ص ٥٠

[4] ……الدر المختار ورد المحتار، ج ١، ص ٦١٣
سنن ابو داود، کتاب الطهارة، باب في البول في المستحم، الحديث: ٢٧، ج ١، ص ٤٤

[5] ……فتاوی هندیه، کتاب الطهارة، الفصل الثانی، ج ١، ص ٤٦

[6] ……المرجع السابق، الفصل الثالث، ج ١، ص ٥٠

[7] ……بهارِ شریعت، حصه دوم، ج ١، ص ٤١١

مسجد کے آداب

پیارے مَدَنی مُنّو! مَسْجِد **اللہ** عَزَّوَجَلَّ کا گھر ہے، اس کی تعظیم بجالانا سب پر لازم ہے۔

- جب بھی مَسْجِد میں داخل ہوں تو لباس، منہ اور بدن پاک وصاف اور خوشبودار ہو۔
- مَسْجِد میں بدبودار لباس، بدن یا منہ یا کسی قسم کی بدبودار چیز لے جانا حرام ہے کیونکہ بدبودار چیزوں سے فِرِشْتوں کو تکلیف ہوتی ہے۔
- جب بھی مَسْجِد میں داخل ہوں اعتکاف کی نیت فرمالیجئے۔ جب تک مَسْجِد میں رہیں گے کچھ پڑھیں یا نہ پڑھیں ثواب ملتا رہے گا۔
- مَسْجِد میں اعتکاف کی نیت کے بغیر کھانا پینا سونا سحری وافطار کرنا منع ہے۔
- مَسْجِد میں ہنسنا قبر میں اندھیرا لاتا ہے۔[١] ضرورتاً مسکرانے میں حرج نہیں۔
- مَسْجِد میں مباح بات کرنا مکروہ اور نیکیوں کو کھا جاتا ہے۔[٢]
- مَسْجِد میں کُوڑا کَرکَٹ ہرگز نہ پھینکیں، مَسْجِد میں اگر معمولی تنکا یا ذرہ پھینکا جائے تو اس سے مَسْجِد کو اس قدر تکلیف ہوتی ہے جس قدر انسان کو آنکھ میں معمولی ذرّہ پڑنے سے ہوتی ہے۔
- جوتے اتار کر مَسْجِد میں لے جانا چاہیں تو گرد وغیرہ اچھی طرح جھاڑ لیں اسی طرح پاؤں میں مٹی لگی ہو تو رومال سے صاف کر لیجئے۔[٣]
- مَسْجِد میں دوڑنا یا اتنے زور سے قدم رکھنا جس سے دھمک پیدا ہو منع ہے۔[٤]

---

[١]......ملفوظاتِ اعلیٰ حضرت، حصہ دوم، ص ٣٢٣
[٢]......فتح القدیر، کتاب الصلاۃ، ج ١، ص ٣٦٩
[٣]......جذب القلوب، ص ٢٥٧
[٤]......ملفوظاتِ اعلیٰ حضرت، حصہ دوم، ص ٣١٨

پیارے مدنی منو! آدابِ مسجد کا خیال رکھتے ہوئے فضول گفتگو اور مذاق مسخری سے بچئے اور اپنی نیکیوں کو بھی برباد ہونے سے بچایئے کہ دنیا کی جائز بات بھی نیکیوں کو کھا جاتی ہے۔

مرشِد کے آداب

فتاویٰ رضویہ شریف سے (آدابِ مرشد کامل) کے بارہ حروف کی نسبت سے 12 آداب [1]

- مرشد کے حُقُوق والد کے حُقُوق سے زائد ہیں۔
- والد جسمانی باپ ہے اور پیر روحانی باپ ہے۔
- پیر کی مرضی کے خلاف کوئی بھی کام کرنا مرید کو جائز نہیں۔
- ان کے سامنے ہنسنا مَنع ہے۔
- ان کی اجازت کے بغیر بات کرنا مَنع ہے۔
- جب ان کی مَجلِس میں حاضر ہوں تو دوسری طرف متوجہ ہونا مَنع ہے۔
- ان کی غیر حاضری میں ان کے بیٹھنے کی جگہ بیٹھنا مَنع ہے۔
- ان کی اولاد کی تعظیم فَرض ہے۔
- ان کے بچھونے کی تعظیم فَرض ہے۔
- ان کی چوکھٹ کی تعظیم فَرض ہے۔
- اپنے جان و مال کو انہیں کا سمجھے۔
- ان سے اپنا کوئی حال چھپانے کی اجازت نہیں۔

[1] ……فتاویٰ رضویہ، ج ۲۶، ص ۵۶۳

والدین کا اَدب واحترام

سوال: **اللہ** عَزَّوَجَلَّ نے والدین کے ساتھ کس طرح کے سلوک کا حکم فرمایا ہے؟

جواب: **اللہ** عَزَّوَجَلَّ نے والدین کے ساتھ بھلائی کا حکم فرمایا ہے۔ چنانچہ،
سورۃُ العنکبوت میں ارشاد فرماتا ہے:

وَوَصَّيْنَا الْاِنْسَانَ بِوَالِدَيْهِ حُسْنًا ؕ (پ ۲۰، العنکبوت: ۸)

ترجمۂ کنزالایمان: اور ہم نے آدمی کو تاکید کی اپنے ماں باپ کے ساتھ بھلائی کی۔

سوال: حدیثِ پاک کی روشنی میں والدین کے اَدب واِحْتِرام کی فضیلت بتائیے؟

جواب: سرکارِ دوعالم صَلَّى اللهُ تَعَالٰى عَلَيْهِ وَاٰلِهٖ وَسَلَّم نے ارشاد فرمایا: ''جو نیک اولاد اپنے ماں باپ کی طرف مَحبّت بھری نظر سے دیکھتی ہے اس کے لئے **اللہ** عَزَّوَجَلَّ ہر نظر کے بدلے میں ایک مقبول حج کا ثواب تحریر فرمادیتا ہے۔[1]

سوال: ماں باپ کے لئے کون سی دعا کرتے رہنا چاہیے؟

جواب: ماں باپ کے لئے یہ دعا کرتے رہنا چاہیے:

رَّبِّ ارْحَمْهُمَا كَمَا رَبَّيٰنِيْ صَغِيْرًا ؕ (۲۴) (پ ۱۵، بنی اسرائیل: ۲۴)

ترجمۂ کنزالایمان: اے میرے ربّ تو ان دونوں پر رحم کر جیسا کہ ان دونوں نے مجھے چھٹپن میں پالا۔

سوال: ماں باپ سے کس طرح گفتگو کرنی چاہیے؟

جواب: ماں باپ سے گفتگو کرتے وقت آواز دھیمی اور نظریں نیچی رکھنی چاہئیں ان کی موجودگی میں

---

[1] ......مشکاۃ المصابیح، کتاب الآداب، الحدیث: ۴۹۴۴، ج ۲، ص ۲۰۹

اُونچی آواز سے گفتگو نہیں کرنی چاہیے۔

سوال: ہمیں ماں باپ کا کس طرح خیال رکھنا چاہیے؟

جواب: ماں باپ بلائیں تو فوراً جواب دینا چاہیے، ان کی بات توجہ سے سننی چاہیے، جس بات کا حکم دیں اس پر عمل کرنا چاہیے اور جس چیز سے منع کریں اس سے رک جانا چاہیے۔

سوال: ماں باپ کے ہم پر کیا احسانات ہیں؟

جواب: ماں باپ کے ہم پر بے شمار احسانات ہیں۔ وہ ہمارے کھانے، پینے، لباس، تعلیم، صحت اور دوسری ضرورتوں کا خیال رکھتے ہیں، لہٰذا ہمیں بھی ان کا خوب احترام کرنا چاہیے۔

اُستاد کا ادب واحترام

طالبِ عِلْم کا استاد کے ساتھ انتہائی مُقدَّس رشتہ ہوتا ہے لہٰذا طالبِ عِلْم کو چاہیے کہ اُستاد کو اپنے حق میں حقیقی باپ سے بڑھ کر خاص جانے کیونکہ والدین اُسے دنیا کی آگ اور مصائب سے بچاتے ہیں جب کہ اُستاد اُسے نارِ دوزخ اور مَصائبِ آخرت سے بچاتا ہے۔

- اگرچہ کسی اُستاد سے ایک ہی حَرف پڑھا ہو اس کی بھی تعظیم بجالایئے کہ حدیثِ پاک میں ہے سیدعالَم صَلَّی اللّٰہُ تَعَالٰی عَلَیْہِ وَاٰلِہٖ وَسَلَّم نے ارشاد فرمایا: ''جس نے کسی آدمی کو قرآن کریم کی ایک آیت پڑھائی وہ اس کا آقا ہے۔''[۱]
- اُستاد کی غیر موجودگی میں بھی ان کا ادب کیجئے، ان کی جگہ پر نہ بیٹھئے۔

---

[۱]......المعجم الکبیر، الحدیث: ۷۵۲۸، ج۸، ص ۱۱۲

- چلتے وقت ان سے آگے نہ بڑھیے۔
- استاد سے جھوٹ بولنا باعثِ محرومی ہے لہٰذا استاد سے ہمیشہ سچ بولئے۔
- ان سے نگاہ نہ ملائیے بلکہ نگاہ نیچی رکھیے۔
- اسی طرح ہر نماز کے بعد اپنے اَساتذہ اور والدین کے لئے ہمیشہ دعا کرتے رہیے۔
- آپ جہاں پڑھتے ہیں اس مدرسہ کے دیگر اساتذہ جو آپ کو اگرچہ نہیں پڑھاتے ان کا ادب بھی لازِم جانئے۔
- اُستاد کی ناشکری سے بچئے کیونکہ یہ ایک خوفناک بلا اور تباہ کن بیماری ہے اور عِلْم کی برکتوں کو ختم کر دیتی ہے۔ چنانچہ حدیثِ پاک میں ہمارے پیارے آقا صَلَّی اللہُ تَعَالٰی عَلَیْہِ وَاٰلِہٖ وَسَلَّم نے ارشاد فرمایا: ''جس نے لوگوں کا شکریہ ادا نہیں کیا اس نے **اللہ** عَزَّوَجَلَّ کا شکر ادا نہیں کیا۔''[1]
- دَرَجے سے باہَر آتے جاتے اُستاد صاحب سے اجازت ضرور لیجئے۔
- اُستاد صاحب آپ کو جو بھی جدول بنا کر دیں اس پر مدرسے اور گھر میں عمل کر کے وقت پر اپنے اَسباق سنا کر اُستاد صاحب کے دل سے دعائیں لیجئے۔
- اُستاد کی سختی کو اپنے لئے باعثِ رَحمت جانئے۔ قولِ مشہور ہے کہ ''جو اُستاد کی سختیاں نہیں جھیل سکتا اسے زمانے کی سختیاں جھیلنی پڑتی ہیں۔''

---

[1] ...... سنن الترمذي، كتاب البرّ والصلة، باب ماجاء في الشكر... إلخ، الحديث: ١٩٦٢، ج٣، ص ٣٨٤

اچھے اور برے کام

جھوٹ کا بیان

جھوٹ کی تعریف

خلافِ واقعہ بات کرنے کو "جھوٹ" کہتے ہیں۔ [1]

ہمارے معاشرے میں جھوٹ اتنا عام ہو چکا ہے کہ اب اسے **مَعَاذَ اللہ** برائی ہی تصور نہیں کیا جاتا۔ ایسے حالات میں بچوں کا اس سے بچنا بہت دشوار ہے۔ ہمیں چاہیے کہ اپنے بچوں کے ذہن میں بچپن ہی سے جھوٹ کے خلاف نفرت بٹھادیں تاکہ وہ بڑے ہونے کے بعد بھی سچ بولنے کی عادت کو ہر حال میں اپنا کر رکھیں۔

جھوٹ کی سزا

اللہ عَزَّوَجَلَّ کے پیارے حبیب صَلَّی اللہُ تَعَالٰی عَلَیْہِ وَاٰلِہٖ وَسَلَّم نے ارشاد فرمایا: جب بندہ جھوٹ بولتا ہے تو فرِشتہ اس کی بدبو سے ایک میل دور ہو جاتا ہے۔ [2]

پیارے مَدَنی مُنّو! دیکھا آپ نے کہ جھوٹ کی نُحوست کتنی بُری ہے اسی طرح جھوٹ کے نقصانات بھی بہت ہیں۔ چنانچہ،

مروی ہے کہ حضرت سیدنا عیسٰی عَلَیْہِ السَّلَام ایک سفر پر جا رہے تھے کہ راستے میں ایک شخص ملا جس نے آپ عَلَیْہِ السَّلَام سے عرض کی: اے **اللہ** کے نبی! میں آپ کی صُحبَت میں رہ کر آپ عَلَیْہِ السَّلَام کی

---

[1] ...... حدیقہ ندیہ، ج ۲، ص ۲۰۰

[2] ...... سنن الترمذی، کتاب البر والصلۃ، ج ۳، ص ۳۹۲

خدمت کرنا اور عِلمِ شریعت حاصِل کرنا چاہتا ہوں۔ مجھے بھی اپنے ساتھ سفر کی اجازت عطا فرما دیجئے۔ پس آپ عَلَیْہِ السَّلَام نے اسے اجازت عطا فرما دی اور یوں یہ دونوں ایک ساتھ سفر کرنے لگے۔ چلتے چلتے راستے میں ایک نَہر کے کَنارے پہنچے تو آپ عَلَیْہِ السَّلَام نے فرمایا: ''آؤ کھانا کھالیں۔'' دونوں کھانا کھانے لگے، آپ عَلَیْہِ السَّلَام کے پاس تین روٹیاں تھیں جب دونوں ایک ایک روٹی کھا چکے تو آپ عَلَیْہِ السَّلَام نَہر سے پانی نوش فرمانے لگے۔ پیچھے سے اس شخص نے تیسری روٹی چُھپالی۔ جب آپ عَلَیْہِ السَّلَام پانی پی کر واپَس تشریف لائے تو دیکھا کہ تیسری روٹی غائب ہے، آپ عَلَیْہِ السَّلَام نے اس شخص سے پوچھا: تیسری روٹی کہاں گئی؟ اس نے جھوٹ بولتے ہوئے کہا: مجھے معلوم نہیں۔ آپ عَلَیْہِ السَّلَام خاموش ہو رہے، پھر تھوڑی دیر بعد آپ عَلَیْہِ السَّلَام نے فرمایا: آؤ! آگے چلیں۔

دورانِ سفر آپ عَلَیْہِ السَّلَام نے راستے میں ایک ہرنی کو اپنے دو خوبصورت بچوں کے ساتھ کھڑے دیکھا تو ہرنی کے ایک بچّے کو اپنی طرف بلایا، وہ آپ عَلَیْہِ السَّلَام کا حکم پاتے ہی فوراً حاضرِ خدمت ہوگیا۔ آپ عَلَیْہِ السَّلَام نے اسے ذبح کیا، بُھونا اور دونوں نے مل کر اس کا گوشت کھایا۔ گوشت کھانے کے بعد آپ عَلَیْہِ السَّلَام نے اس کی ہڈّیاں ایک جگہ جمع کیں اور فرمایا: **قُمْ بِاِذْنِ اللّٰہ**۔ **یعنی اللہ** عَزَّوَجَلَّ کے حکم سے کھڑا ہو جا۔ تو یکا یک ہرنی کا وہ بچّہ زندہ ہوگیا اور پھر اپنی ماں کے پاس چلا گیا۔ اس کے بعد آپ عَلَیْہِ السَّلَام نے اس شخص سے فرمایا: تجھے اس **اللہ** عَزَّوَجَلَّ کی قسم جس نے مجھے یہ مُعْجِزہ دکھانے کی قدرت عطا کی! سچ سچ بتا وہ تیسری روٹی کہاں گئی؟ وہ بولا: مجھے نہیں معلوم۔ تو آپ عَلَیْہِ السَّلَام نے فرمایا: چلو آؤ! آگے چلیں۔

چلتے چلتے ایک دریا پر پہنچے تو آپ عَلَیْہِ السَّلَام نے اس شخص کا ہاتھ پکڑا اور پانی کے اوپر چلتے ہوئے دریا کے دوسرے کَنارے پہنچ گئے۔ اب پھر آپ عَلَیْہِ السَّلَام نے اس شخص سے فرمایا: تجھے اس **اللہ** عَزَّوَجَلَّ کی قسم جس نے مجھے یہ مُعْجِزہ دکھانے کی قُدرت عطا کی! سچ سچ بتا وہ تیسری روٹی کہاں گئی؟ اس بار بھی اس نے یہی جواب دیا کہ مجھے نہیں معلوم۔ تو آپ عَلَیْہِ السَّلَام نے فرمایا: آؤ! آگے چلیں۔

چلتے چلتے ایک ریگستان میں پہنچ گئے جہاں ہر طرف رَیت ہی رَیت تھی۔ آپ عَلَیْہِ السَّلَام نے کچھ رَیت جمع کی اور فرمایا: اے رَیت! **اللہ** عَزَّوَجَلَّ کے حُکم سے سونا بن جا۔ تو وہ رَیت فوراً سونا بن گئی۔ آپ عَلَیْہِ السَّلَام نے اس کے تین حصّے کیے اور فرمایا: ایک حصّہ میرا، دوسرا تیرا اور تیسرا اس کا جس نے وہ روٹی لی۔ یہ سُنتے ہی وہ شخص جھٹ بول اُٹھا: وہ روٹی میں نے ہی لی تھی۔ یہ معلوم ہونے کے بعد حضرت سیدنا عیسیٰ عَلَیْہِ السَّلَام نے اس شخص سے فرمایا: یہ سارا سونا تم ہی لے لو۔ بس میرا اور تیرا اتنا ہی ساتھ تھا۔

اتنا کہنے کے بعد آپ عَلَیْہِ السَّلَام اس شخص کو وہیں چھوڑ کر آگے روانہ ہو گئے۔ وہ اتنا زیادہ سونا مل جانے پر بہت خوش تھا، جب سارا سونا ایک چادر میں لپیٹ کر واپس گھر کو لوٹنے لگا تو راستے میں اسے دو شخص ملے جنہوں نے اس کے پاس اتنا سونا دیکھ کر اسے قتل کر کے سارا سونا چھین لینے کا ارادہ کر لیا۔ چنانچہ جب وہ اسے قتل کرنے کے ارادے سے آگے بڑھے تو وہ شخص جان بچانے کی خاطر بولا: تم مجھے کیوں قتل کرنا چاہتے ہو؟ اگر سونا لینا چاہتے ہو تو ہم اس کے تین حصّے کر لیتے ہیں اور ایک ایک حصہ آپس میں بانٹ لیتے ہیں۔ وہ دونوں اس پر راضی ہو گئے۔ پھر وہ شخص بولا کہ بہتر یہ ہے کہ ہم میں سے ایک آدمی تھوڑا سا سونا لے کر قریب کے شہر میں جائے اور کھانا خرید لائے تا کہ کھا پی کر سونا تقسیم کریں۔

پس ان میں سے ایک آدمی شہر پہنچا، کھانا خرید کر واپس ہونے لگا تو اس نے سوچا: بہتر یہ ہے کہ کھانے میں زہر ملادوں تاکہ وہ دونوں کھا کر مرجائیں اور سارا سونا میں ہی لے لوں۔ یہ سوچ کر اس نے زہر خرید کر کھانے میں ملادیا۔ ادھر ان دونوں نے یہ سازش کی کہ جیسے ہی وہ کھانا لے کر آئے گا ہم دونوں مل کر اس کو مار ڈالیں گے اور پھر سارا سونا آدھا آدھا بانٹ لیں گے۔ چُنانچہ جب وہ شخص کھانا لیکر آیا تو دونوں اس پر پِل پڑے اور اس کو قَتْل کر دیا۔ اس کے بعد خوشی خوشی کھانا کھانے کے لئے بیٹھے تو زہر نے اپنا کام کر دکھایا اور یہ دونوں بھی تڑپ تڑپ کر ٹھنڈے ہو گئے اور سونا جُوں کا تُوں پڑا رہا۔

کچھ عرصے کے بعد حضرت سیدنا عیسیٰ عَلَيْهِ السَّلَام کا واپسی میں وہاں سے گزر ہوا تو کیا دیکھتے ہیں کہ سونا وہیں موجود ہے اور ساتھ میں تین لاشیں بھی پڑی ہیں تو یہ دیکھ کر آپ عَلَيْهِ السَّلَام نے اپنے ساتھ موجود لوگوں سے فرمایا: ''دیکھ لو! دنیا کا یہ حال ہے، پس تم پر لازم ہے کہ اس سے بچتے رہو۔'' [1]

پیارے مدنی منو! دیکھا آپ نے کہ اس شخص کو جھوٹ اور مالِ دنیا کی محبت نے برباد کر دیا اور نہ اسے دولت ملی اور نہ ہی جھوٹ سے کوئی فائدہ ہوا بلکہ جان سے ہاتھ دھونے کے ساتھ ساتھ دنیا و آخرت کا نقصان بھی اٹھانا پڑا۔

نہ مجھ کو آزما دنیا کا مال و زر عطا کر کے
عطا کر اپنا غم اور چشمِ گریاں یا رسول اللہ صَلَّی اللہُ عَلَیْہِ وَاٰلِہٖ وَسَلَّم

[1]......اتحاف السادۃ المتقین، ج ۹، ص ۸۳۵

جھوٹ کے مزید نقصانات ملاحظہ کیجئے

حضرت سیدنا بکر بن **عبد اللہ** رَحۡمَۃُ اللہِ تَعَالٰی عَلَیۡہ سے **مروی** ہے کہ ایک شخص کی عادت تھی کہ وہ بادشاہوں کے درباروں میں جاتا اوران کے سامنے اچھی اچھی باتیں کرتا، بادشاہ خوش ہوکر اسے انعام واکرام سے نوازتے اوراس کی خوب حوصلہ افزائی کرتے۔

ایک مرتبہ وہ ایک بادشاہ کے دربار میں گیااوراس سے اجازت چاہی کہ میں کچھ باتیں عرض کرنا چاہتا ہوں۔ بادشاہ نے اجازت دی اوراسے اپنے سامنے کرسی پر بٹھا دیااور کہااب جو کہنا چاہتے ہو کہو۔ اس شخص نے کہا: ''احسان کرنے والے کے ساتھ احسان کراور جو برائی کرے اس کی برائی کا بدلہ اسے خود ہی مل جائے گا۔'' بادشاہ اس کی یہ بات سن کر بہت خوش ہوااوراسے انعام واکرام سے نوازا۔ یہ دیکھ کر بادشاہ کے ایک درباری کواس شخص سے حسد ہوگیااوردل ہی دل میں کڑھنے لگا کہ اس عام سے شخص کو بادشاہ کے دربار میں اتنی عزت اور اتنا مقام کیوں حاصل ہوگیا۔ بالآخر وہ حسد کی بیماری سے مجبور ہوکر بادشاہ کے پاس گیااور بڑے خوشامدانہ انداز میں **جھوٹ بولتے ہوئے کہا:** ''بادشاہ سلامت! ابھی جو شخص آپ کے سامنے گفتگو کر کے گیا ہے اگرچہ اس کی باتیں اچھی ہیں لیکن وہ آپ سے نفرت کرتا ہے اور کہتا ہے کہ بادشاہ کو **گندہ دَہنی** (یعنی منہ سے بدبو آنے) کا مرض لاحق ہے۔'' بادشاہ نے یہ سن کر پوچھا: تمہارے پاس کیا ثُبُوت ہے کہ وہ میرے بارے میں ایسا گمان رکھتا ہے؟ وہ حاسد بولا: حضور! اگر آپ کو میری بات پر یقین نہیں آتا تو آپ آزما کر دیکھ لیں اسے اپنے پاس بلائیں جب وہ آپ کے قریب آئے گا تو اپنی ناک پر ہاتھ رکھ لے گا تاکہ اسے آپ کے منہ کی بدبو نہ آئے۔ یہ سن کر بادشاہ نے کہا: تم جاؤ جب تک میں اس معاملہ کی خود تحقیق نہ کرلوں اس کے بارے میں کوئی فیصلہ نہیں کروں گا۔

پس وہ حاسد دربارِشاہی سے چلا آیا اور اس شخص کے پاس پُہنچا اور اسے کھانے کی دعوت دی۔ اُس نے قبول کرلی اور اس کے ساتھ چل دیا۔ حاسد نے اسے جو کھانا کھلایا اس میں بہت زیادہ لہسن ڈال دیا۔ اب اس شخص کے منہ سے لہسن کی بدبو آنے لگی۔ بہرحال وہ دعوت سے فارغ ہوکر اپنے گھر آ گیا۔ ابھی تھوڑی دیر ہی گزری تھی کہ بادشاہ کا قاصد آیا اور اس نے کہا کہ بادشاہ نے آپ کو ابھی دربار میں بلایا ہے۔ وہ قاصد کے ساتھ دربار میں پُہنچا۔ بادشاہ نے اسے اپنے سامنے بٹھایا اور کہا ہمیں وہی کلمات سناؤ جو تم سنایا کرتے ہو۔ اس نے کہا: ”احسان کرنے والے کے ساتھ احسان کر اور جو برائی کرے اس کی برائی کا بدلہ اسے خود ہی مل جائے گا۔“ جب اس نے اپنی بات مکمل کرلی تو بادشاہ نے کہا میرے قریب آؤ۔ وہ بادشاہ کے قریب گیا تو اس نے فوراً اپنے منہ پر ہاتھ رکھ لیا تاکہ لہسن کی بدبو سے بادشاہ کو تکلیف نہ ہو۔ جب بادشاہ نے یہ صورتحال دیکھی تو اپنے دل میں کہا کہ اس شخص نے ٹھیک ہی کہا تھا کہ میرے بارے میں یہ شخص گمان رکھتا ہے کہ مجھے گندہ دہنی کی بیماری ہے۔ بادشاہ اس شخص کے بارے میں بدگمانی کا شکار ہوگیا اور بلا تحقیق فیصلہ کرلیا کہ اس شخص کو سخت سزا ملنی چاہیے۔ چنانچہ اس نے اپنے گورنر کے نام اس طرح خط لکھا: اے گورنر! جیسے ہی یہ شخص تمہارے پاس میرا خط لے کر پُہنچے اسے ذَبح کردینا اور اس کی کھال میں بھوسا بھر کے میرے پاس بجھوا دینا۔ پھر بادشاہ نے خط پر مہر لگائی اور اس شخص کو دیتے ہوئے کہا یہ خط لے کر فلاں علاقے کے گورنر کے پاس جاؤ۔

اس بادشاہ کی یہ عادت تھی کہ جب بھی وہ کسی کو کوئی بڑا انعام دینا چاہتا تو کسی گورنر کے نام خط لکھتا اور اس شخص کو گورنر کے پاس بھیج دیتا وہاں اسے خوب انعام واکرام سے نوازا جاتا۔ کبھی بھی بادشاہ نے سزا کے لئے کسی کو خط نہیں لکھا تھا۔ آج پہلی بار بادشاہ نے کسی کو سزا دینے کے لئے یہ طریقہ اختیار کیا۔

بہر حال وہ شخص خط لے کر دربار سے نکلا تو وہ حاسد راہ میں مُنتَظِر تھا کہ دیکھو کیا ہوتا ہے جب اسے آتا دیکھا تو پوچھا کہ کیا ہوا؟ کہاں کا ارادہ ہے؟ اس نے کہا میں نے بادشاہ کو اپنا کلام سنایا تو اس نے مجھے ایک خط مہر لگا کر دیا اور کہا کہ فلاں گورنر کے پاس یہ خط لے جاؤ اب میں اسی گورنر کے پاس جا رہا ہوں۔ حاسد کہنے لگا: بھائی! یہ خط مجھے دے دو میں اسے گورنر تک پہنچا دوں گا۔ چنانچہ، اس شریف آدمی نے وہ خط حاسد کے حوالہ کر دیا۔ حاسد خط لے کر خوشی خوشی گورنر کے دربار کی طرف چل پڑا اور راستے میں سوچتا جا رہا تھا کہ میری قسمت کتنی اچھی ہے کہ میں نے اس شخص کو بے وقوف بنا کر انعام والا خط لے لیا اب مجھے ہی انعام واکرام سے نوازا جائے گا اور میں مالا مال ہو جاؤں گا۔ انہی سوچوں میں گم حاسد جھومتا جھومتا آگے بڑھ رہا تھا لیکن وہ نہیں جانتا تھا کہ وہ اپنے عبرت ناک انجام کی طرف بڑھ رہا ہے۔

جب وہ گورنر کے پاس پہنچا اور بڑے مُؤَدَّبانہ انداز میں بادشاہ کا خط گورنر کو دیا اور گورنر نے جیسے ہی خط پڑھا تو پوچھا: اے شخص! کیا تجھے معلوم ہے کہ اس خط میں بادشاہ نے کیا لکھا ہے؟ اس نے کہا: جناب! یہی لکھا ہوگا کہ مجھے انعام واکرام سے نوازا جائے۔ گورنر نے کہا: اے نادان شخص! اس خط میں مجھے حکم دیا گیا ہے کہ جیسے ہی تم پہنچو میں تمہیں ذَبح کر کے تمہاری کھال میں بھوسا بھر کر تمہاری لاش بادشاہ کی طرف روانہ کر دوں۔ یہ سن کر حاسد کے ہوش اڑ گئے اور وہ کہنے لگا: خدا کی قسم! یہ خط میرے بارے میں نہیں لکھا گیا بلکہ یہ تو فلاں شخص کے مُتَعَلِّق ہے، بے شک آپ بادشاہ کے پاس کسی قاصد کو بھیج کر معلوم کر لیں۔ گورنر نے اس کی ایک نہ سنی اور کہا: ہمیں کوئی حاجت نہیں کہ ہم بادشاہ سے اس معاملہ کی تصدیق کریں، بادشاہ کی مہر اس خط پر موجود ہے، لہٰذا ہمیں بادشاہ کے حکم پر عَمَل کرنا ہی ہوگا۔ اتنا کہنے کے بعد اس نے جلاد کو حکم دیا کہ اس (حاسد) کو ذَبح کر کے اس کی کھال اتار لو اور اس میں بھوسا بھر دو۔

پھر اس کی لاش کو بادشاہ کے پاس بھجوا دیا گیا۔

اِدھر دوسرے دن وہ نیک شخص حسبِ معمول دربار میں گیا اور بادشاہ کے سامنے کھڑے ہو کر وہی کلمات دہرائے کہ ''احسان کرنے والے کے ساتھ احسان کر اور جو برائی کرے اس کی برائی کا بدلہ اسے خود ہی مل جائے گا۔'' جب بادشاہ نے اسے صحیح وسالم دیکھا تو پوچھا: میں نے تجھے جو خط دیا تھا اس کا کیا ہوا؟ اس نے جواب دیا: میں آپ کا خط لے کر گورنر کے پاس جارہا تھا کہ راستے میں مجھے فلاں شخص ملا اور اس نے مجھ سے کہا کہ یہ خط مجھے دے دو۔ میں نے اسے وہ خط دے دیا اور وہ لے کر گورنر کے پاس چلا گیا۔ بادشاہ نے کہا: اس شخص نے مجھے تمہارے بارے میں بتایا تھا کہ تم میرے مُتَعَلِّق یہ گمان رکھتے ہو کہ میرے منہ سے بدبو آتی ہے، کیا واقعی ایسا ہے؟ اس شخص نے کہا: بادشاہ سلامت! میں نے کبھی بھی آپ کے بارے میں ایسا نہیں سوچا۔ تو بادشاہ نے پوچھا: جب میں نے تجھے اپنے قریب بلایا تھا تو تو نے اپنے منہ پر ہاتھ کیوں رکھ لیا تھا؟ اس نے جواب دیا: بادشاہ سلامت! آپ کے دربار میں آنے سے کچھ دیر پہلے اس شخص نے میری دعوت کی تھی اور کھانے میں مجھے بہُت زیادہ لہسن کھلا دیا تھا جس کی وجہ سے میرا منہ بدبودار ہو گیا جب آپ نے مجھے اپنے قریب بلایا تو میں نے یہ گوارا نہ کیا کہ میرے منہ کی بدبو سے بادشاہ سلامت کو تکلیف پہُنچے، اسی لئے میں نے منہ پر اپنا ہاتھ رکھ لیا تھا۔

جب بادشاہ نے یہ سنا تو کہا: اے خوش نصیب! تو نے بالکل ٹھیک کہا تیری یہ بات بالکل سچی ہے کہ جو کسی کے ساتھ برائی کرتا ہے اسے عنقریب اس کی برائی کا بدلہ مل جائے گا۔ اس شخص نے تیرے ساتھ برائی کا ارادہ کیا اور جھوٹ بولا اور تجھے سزا دلوانا چاہی لیکن اسے اپنے جھوٹ بولنے کا صلہ خود ہی مل گیا۔ سچ ہے کہ جو کسی کے لئے گڑھا کھودتا ہے وہ خود ہی اس میں جا

گرتا ہے۔ اے نیک شخص! میرے سامنے بیٹھ اور اپنی اس بات کو دہرا۔ چنانچہ وہ شخص بادشاہ کے سامنے بیٹھا اور کہنے لگا: ''احسان کرنے والے کے ساتھ احسان کر اور جو برائی کرے اس کی برائی کا بدلہ اسے خود ہی مل جائے گا۔''

پیارے مَدَنی مُنّو!

- جو کسی پر احسان کرتا ہے اس پر بھی احسان کیا جاتا ہے اور جو کسی کے لئے بُرا چاہتا ہے اس کے ساتھ بُرا ہی مُعاملہ ہوتا ہے۔
- جو جھوٹ بول کر دوسروں کی تباہی و بربادی چاہتا ہے وہ خود تباہ و برباد ہو جاتا ہے۔
- اچھے کام کا اچھا نتیجہ اور بُرے کام کا برا نتیجہ۔
- جیسی کرنی ویسی بھرنی۔

اللہ عَزَّوَجَلَّ ہمیں جھوٹ جیسی بیماری سے محفوظ فرمائے!

آمین بجاہ النبی الامین صَلَّی اللہُ تَعَالٰی عَلَیْہِ وَاٰلِہٖ وَسَلَّم

دیکھے ہیں یہ دن اپنی ہی غفلت کی بدولت
سچ ہے کہ بُرے کام کا انجام برا ہے

اللہ عَزَّوَجَلَّ کا ارشادِ گرامی ہے:

بَلْ نَقْذِفُ بِالْحَقِّ عَلَى الْبَاطِلِ فَيَدْمَغُهٗ (پ۱۷، الانبیاء:۱۸)

ترجمۂ کنزالایمان: بلکہ ہم حق کو باطل پر پھینک مارتے ہیں تو وہ اس کا بھیجہ نکال دیتا ہے۔

سچ کی برکت

پیارے مدنی منو! ایک کم سن لڑکے نے اپنی ماں کی خدمت میں حاضر ہو کر عرض کی: ''اے میری پیاری امی جان! مجھے رِضائے ربُّ الانام کے لئے راہِ خدا میں وقف کر دیجئے اور مجھے بغداد شریف جا کر علمِ دین حاصل کرنے اور اللہ عَزَّوَجَلَّ کے نیک بندوں کی خدمت میں حاضر ہو کر ان کا فیضان حاصل کرنے کی اجازت عطا فرمائیے۔'' تو اس کم سن لڑکے کی والدہ ماجدہ نے اللہ عَزَّوَجَلَّ کی مشیت و رضا پر لبیک کہا اور راہِ خدا کے اس ننھے مسافر کے لئے زادِ راہ تیار کرنا شروع کر دیا اور چالیس دینار اپنے لختِ جگر کی قمیص کے اندر سی دیئے۔ پھر سفر پر روانہ ہونے سے پہلے اپنے لختِ جگر سے وعدہ لیا کہ ہمیشہ اور ہر حال میں سچ بولنا، پھر اس عظیم ماں نے رضائے الٰہی کے حصول کی خاطر اپنے بیٹے کو یہ کہتے ہوئے الوداع کہا: ''جاؤ! میں نے تمہیں راہِ خدا میں ہمیشہ کے لئے وقف کر دیا، اب میں یہ چہرہ قیامت سے پہلے نہ دیکھوں گی۔''

پس راہِ خدا کا یہ ننھا مسافر علمِ دین حاصل کرنے کے جذبے سے سرشار اور اولیائے کرام رَحِمَهُمُ اللهُ السَّلَام کی محبت کو سینے سے لگائے ایک قافلے کے ہمراہ سوئے بغداد چل پڑا، راستے میں ساٹھ ڈاکو قافلہ کا راستہ روک کر لوٹ مار کرنے لگے، انہوں نے کسی کو بھی نہ چھوڑا اور ہر ایک سے اس کا مال و اسباب چھین لیا مگر اس کم سن لڑکے کو کم عمر جانتے ہوئے کسی نے کچھ بھی نہ کہا، پھر ایک ڈاکو نے پاس سے گزرتے ہوئے ویسے ہی پوچھا: اے کم سن لڑکے! کیا تمہارے پاس بھی کچھ ہے؟ کم سن لڑکے نے بے دھڑک جواب دیا: جی ہاں! میرے پاس چالیس دینار ہیں۔ ڈاکو نے مذاق سمجھا اور آگے چل دیا۔ اسی طرح ایک اور ڈاکو نے

بھی اس کم سن لڑکے کے پاس سے گزرتے ہوئے پوچھا تو اسے بھی کم سن لڑکے نے یہی جواب دیا کہ میرے پاس چالیس دینار ہیں۔ جب یہ دونوں ڈاکو اپنے سردار کے پاس گئے تو اسے بتایا کہ قافلہ میں ایک ایسا نڈر کم سن لڑکا ہے جو اس حال میں بھی مذاق کررہا ہے۔

سردار نے کم سن لڑکے کو بلانے کا کہا، وہ آیا تو اس نے پوچھنے پر اب بھی وہی جواب دیا جو پہلے دیا تھا۔ سردار نے تلاشی لی تو واقعی چالیس دینار مل گئے۔ کم سن لڑکے کے اس سچ بولنے پر سب حیران ہوئے اور اس سے سچ بولنے کا سبب پوچھا تو کم سن لڑکے نے جواب دیا کہ میری ماں نے گھر سے نکلتے ہوئے وعدہ لیا تھا کہ **ہمیشہ اور ہر حال میں سچ بولنا، کبھی جھوٹ نہ بولنا** اور میں اپنی ماں سے کئے ہوئے وعدے کو نہیں توڑ سکتا۔ ڈاکوؤں کا سردار کم سن لڑکے کی یہ بات سن کر رونے لگا اور کہنے لگا: ہائے افسوس! صد افسوس! یہ کم سن لڑکا اپنی ماں سے کیا ہوا وعدہ اس طرح پورا کررہا ہے اور ایک میں ہوں کہ کئی سالوں سے اپنے ربّ عَزَّوَجَلَّ سے کئے گئے وعدے کی خلاف ورزی کررہا ہوں۔ پس اس سردار نے روتے ہوئے راہِ خدا کے اس ننھے مسافر کے ہاتھ پر توبہ کرلی اور اس کے باقی ساتھی بھی یہ کہتے ہوئے تائب ہو گئے کہ اے سردار! جب برائی کی راہ پر تو ہمارا سردار تھا تو اب نیکی کی راہ پر بھی تو ہی ہمارا رہنما ہوگا۔ [1]

پیارے مدنی منو! کیا آپ جانتے ہیں کہ راہِ خدا کا یہ ننھا مسافر کون تھا؟ یہ کوئی اور نہیں بلکہ ہمارے **پیارے پیارے مرشد، حضور غوثِ پاک، شیخ سید عبد القادر جیلانی** قُدِّسَ سِرُّہُ النُّوْرَانِی تھے۔ جنہوں نے ابھی راہِ خدا میں سفر کا آغاز ہی کیا تھا کہ اس ننھی سی عمر میں

---

[1] ......بهجة الاسرار، ذكر طريقه رحمة الله تعالى عليه، ص ۱٦٧

صرف ماں سے کئے ہوئے وعدے کی لاج نبھانے کی برکت سے ساٹھ ڈاکوؤں نے آپ کے ہاتھ پر توبہ کرلی۔تو ذرا سوچئے: اگر بندہ اپنے ربّ عَزَّوَجَلَّ سے کئے ہوئے وعدے کی پاسداری کرنے لگے تو کس مرتبہ پر فائز ہوگا۔پس یہی وجہ ہے کہ ماں سے جو وعدہ کرکے آئے تھے کہ ہمیشہ سچ بولیں گے اور سچ ہی کا بول بالا کریں گے اس سچ کی برکت سے جب آپ کا شہرہ عام ہوا تو ہزاروں نہیں بلکہ لاکھوں راہِ حق سے بھٹکے ہوئے لوگ راہِ راست پر آگئے اور ہر چھوٹے بڑے نے نہ صرف آپ کی ولایت کا اعتراف کیا بلکہ آپ کو اپنے سر کا تاج بھی سمجھا۔

وہاں سر جھکاتے ہیں سب اونچے اونچے
جہاں ہے ترا نقشِ پا غوثِ اعظم

جھوٹ اور خدا کی ناراضی

پیارے مدنی منو! جھوٹ کے بے شمار نقصانات میں سے ایک نقصان یہ بھی ہے کہ جھوٹ بولنے سے **اللہ** عَزَّوَجَلَّ ناراض ہوجاتا ہے۔جیسا کہ فرمانِ باری تعالیٰ ہے:

لَّعْنَتَ اللّٰهِ عَلَى الْكٰذِبِيْنَ ﴿٦١﴾ (پ ۳، ال عمران: ٦١)

ترجمہ: جھوٹوں پر **اللہ** کی لعنت۔

ایک بزرگ نے حضرت سیدنا حسن بصری عَلَیْہِ رَحمَۃُ اللّٰہِ الْقَوِی سے ارشاد فرمایا: اے ابوسعید! میں نے رحیم وکریم پَرْوَرْدگار کی نافرمانی کی تو اس نے مجھے بیماری میں مبتلا کردیا۔ میں نے شِفا طَلَب کی تو اس

نے شفا عطا فرمائی۔ میں نے پھر نافرمانی کی تو دوبارہ بیماری میں مبتلا ہو گیا۔ پھر گناہوں کی مُعَافی طَلَب کی اور صحت یابی کی دعا مانگی۔ اس پاک پروردگار نے مجھے شفا عطا فرمادی۔ میں اسی طرح گناہ کرتا رہا اور وہ معاف کرتا رہا۔ پانچویں مرتبہ بیمار ہوا تو میں نے اس مرتبہ پھر **اللّٰہ** عَزَّوَجَلَّ سے گناہوں کی مُعَافی طَلَب کی اور صحت یابی کے لئے عرض کی تو اپنے گھر کے کونے سے یہ غیبی آواز سنی: ''تیری دعا ومناجات قبول نہیں ہم نے تجھے کئی مرتبہ آزمایا مگر ہر بار تجھے جھوٹا پایا۔'' ①

جھوٹ نفاق کی علامت ہے

نور کے پیکر، تمام نبیوں کے سرور صَلَّی اللّٰہُ تَعَالٰی عَلَیْہِ وَاٰلِہٖ وَسَلَّم کا فرمانِ عبرت نشان ہے: منافق کی تین علامتیں ہیں:

﴿1﴾......جب بات کرے تو جھوٹ بولے۔

﴿2﴾......جب وعدہ کرے تو پورا نہ کرے۔

﴿3﴾......جب اس کے پاس امانت رکھی جائے تو خیانت کرے۔

اگرچہ وہ نماز پڑھتا ہو، روزے رکھتا ہو اور اپنے آپ کو مسلمان سمجھتا ہو۔ ②

مُفَسِّرِ شہیر، حکیم الامت مفتی احمد یار خان عَلَیْہِ رَحْمَۃُ الْحَنَّان ایک جگہ فرماتے ہیں کہ ''جھوٹ تمام گناہوں کی جڑ ہے۔'' ③

---

①......عیون الحکایات، ج ۲، ص ۲۳ ملخصاً

②......صحیح مسلم، کتاب الایمان، باب بیان خصال المنافق، الحدیث: ۵۹، ص ۵۰

③......مراۃ المناجیح، ج ۶، ص ۴۴۷

گالی دینے کی سزا

اللہ عَزَّوَجَلَّ قرآنِ مجید میں ارشاد فرماتا ہے:

قَدۡ اَفۡلَحَ الۡمُؤۡمِنُوۡنَ ۙ﴿۱﴾ الَّذِیۡنَ هُمۡ فِیۡ صَلَاتِهِمۡ خٰشِعُوۡنَ ۙ﴿۲﴾
وَالَّذِیۡنَ هُمۡ عَنِ اللَّغۡوِ مُعۡرِضُوۡنَ ﴿۳﴾ (پ۱۸، المومنون: ۱ تا ۳)

ترجمۂ کنز الایمان: بے شک مراد کو پہنچے ایمان والے جو اپنی نماز میں گڑگڑاتے ہیں اور وہ جو کسی بے ہودہ بات کی طرف التفات نہیں کرتے۔

پیارے مَدَنی مُنّو! دیکھا آپ نے! **اللہ** عَزَّوَجَلَّ اچھی باتیں کرنے والوں کو پسند فرماتا ہے اور بری باتیں کرنے والوں کو پسند نہیں فرماتا، مگر بد قسمتی سے آج کل گالی گلوچ اور گندی باتیں بہت زیادہ عام ہو چکی ہیں، بچہ ہو یا بڑا، مرد ہو یا عورت اس بری عادت میں مبتلا نظر آتا ہے۔ بلکہ اب تو گالیاں دینا لوگوں کا تکیہ کلام بن گیا ہے کہ بات بات پر گالی دی جاتی ہے اور آہ! اب تو لوگوں کے ضمیر اس قدر مردہ ہو چکے ہیں کہ وہ ایک دوسرے کو گندی گندی گالیاں دیتے ہوئے ہنستے ہیں اور اسی طرح غصہ کے وقت بھی گالی گلوچ کرنا عام ہو گیا ہے۔ یعنی اب تو وہ دَور آ گیا کہ ہنسی مذاق میں بھی گالیاں بکی جاتی ہیں اور غصہ کے وقت بھی۔

پیارے مَدَنی مُنّو! گالی دینا بُہُت بُری بات ہے کیا آپ میں سے کوئی یہ جراءت کرے گا کہ اپنے پیر، اُستاد یا والد یا کسی مُعَزَّز شخص کے سامنے گالی بکے، ہرگز نہیں! تو ذرا سوچئے کہ ہمارا مُعَزَّز ترین پَرْوَرْدگار عَزَّوَجَلَّ ہمیں ہر آن دیکھ رہا ہے اور ہماری باتیں بھی سن رہا ہے بلکہ وہ تو ہم سے ہماری شہ رگ سے بھی زیادہ قریب ہے تو پھر گالیاں بکنے اور گندی باتیں کرتے وقت ہمیں یہ احساس کیوں نہیں رہتا۔ چنانچہ،

حضرت سیدنا بشر حافی عَلَیْہِ رَحمَۃُ اللہِ الکَافِی نہایت کم گفتگو کرتے اور اپنے دوستوں کو فرماتے: تم غور کرو کہ اپنے اعمال ناموں میں کیا لکھوا رہے ہو؟ کیونکہ وہ تمہارے ربّ عَزَّوَجَلَّ کے سامنے پیش ہوں گے تو جو شخص بُری باتیں کرتا ہے اس پر افسوس ہے۔ اگر اپنے دوست کو کچھ لکھواتے ہوئے کبھی اس میں بُرے الفاظ لکھواؤ تو یہ اس کے ساتھ تمہاری بے حیائی تَصوُّر ہوگی پھر **اللہ** عَزَّوَجَلَّ کے ساتھ تمہارا کیا برتاؤ ہے؟

پیارے مَدَنی مُنّو! گالیاں دیتے وقت ہمیں اس بات کا احساس نہیں ہوتا کہ **اللہ** عَزَّوَجَلَّ کے معصوم فِرِشتے ہماری ہر بات لکھ رہے ہیں تو جب ہماری زبان سے نکلی ہوئی گالیاں اور بے شرمی و بے حیائی کی باتیں انہیں لکھنا پڑتی ہوں گی تو انہیں کس قدر تکلیف ہوتی ہوگی جیسا کہ حضرت سیدنا امام حسن بصری عَلَیْہِ رَحمَۃُ اللہِ القَوِی فرماتے ہیں کہ انسان پر تَعَجُّب ہے کہ کِراماً کاتِبین اس کے پاس ہیں اور اس کی زبان ان کا قلم اور اس کا لعاب ان کی سیاہی ہے، پھر بھی بے ہودہ کلام کرتا ہے۔[۱]

پیارے مَدَنی مُنّو! **اللہ** عَزَّوَجَلَّ کے قہر وغضب سے ہر دم پناہ مانگتے رہیے اور ایسی باتوں سے مُکَمَّل پرہیز کیجئے جن سے **اللہ** عَزَّوَجَلَّ ناراض ہوتا ہے۔ ہمیشہ اچھی اچھی باتیں کیجئے کیونکہ مدینے کے تاجدار، شافِعِ روزِ شمار، نبیوں کے سردار صَلَّی اللہُ تَعَالٰی عَلَیْہِ وَاٰلِہٖ وَسَلَّم کا ارشادِ خوشبودار ہے: ''بلاشبہ بندہ کبھی **اللہ** عَزَّوَجَلَّ کی پسند کا کوئی ایسا کلمہ کہہ دیتا ہے کہ جس کی طرف اس کا دھیان بھی نہیں ہوتا اور اس کی وجہ سے **اللہ** عَزَّوَجَلَّ اس کے بَہُت سے دَرَجات بلند فرما دیتا ہے اور بلاشبہ بندہ کبھی **اللہ** عَزَّوَجَلَّ کی نافرمانی کا کوئی ایسا کلمہ کہہ گزرتا ہے کہ اس کی طرف اس کو دھیان بھی نہیں ہوتا اور اس کی وجہ سے دوزخ میں گرتا چلا جاتا ہے۔''[۲]

پیارے مَدَنی مُنّو! ہمیں اپنی زبان کو قابو میں رکھنا چاہیے، گالی گلوچ، بے حیائی و بے

---

[۱] ...... تنبیہ المغترین، الباب الثالث، ص ۱۹۰

[۲] ...... مشکاۃ المصابیح، کتاب الادب، الحدیث: ۴۸۱۳، ج ۲، ص ۱۸۹

شرمی کی باتوں سے گریز کرنا چاہیے تاکہ آخرت میں ہم نجات پا جائیں۔ جیسا کہ حضرت سیدنا عقبہ بن عامر رَضِیَ اللّٰہُ تَعَالٰی عَنْہ سے روایت ہے، فرماتے ہیں: میں بارگاہِ رسالت صَلَّی اللّٰہُ تَعَالٰی عَلَیْہِ وَاٰلِہٖ وَسَلَّم میں حاضر ہوا اور عرض کی کہ نجات کیا ہے؟ ارشاد فرمایا: اپنی زبان پر قابو رکھو اور تمہارا گھر تمہارے لئے گنجائش رکھے (یعنی بے کار ادھر ادھر نہ جاؤ) اور اپنی خطا پر رویا کرو۔[1]

پیارے مَدَنی مُنّو! آئیے اب گالی دینے کی شرعی حیثیت کے متعلق کچھ جانتے ہیں:

سوال: **اللّٰہ** عَزَّوَجَلَّ کے نزدیک گالیاں دینے والے کی کیا حیثیت ہے؟

جواب: **اللّٰہ** عَزَّوَجَلَّ گالیاں دینے والے کو ناپسند فرماتا ہے اور اپنا دشمن جانتا ہے۔

سوال: سرکارِ مدینہ صَلَّی اللّٰہُ تَعَالٰی عَلَیْہِ وَاٰلِہٖ وَسَلَّم نے گالی دینے والے کے بارے میں کیا ارشاد فرمایا ہے؟

جواب: سرکارِ مدینہ صَلَّی اللّٰہُ تَعَالٰی عَلَیْہِ وَاٰلِہٖ وَسَلَّم نے ارشاد فرمایا: "فُحش گوئی (یعنی گالی گلوچ و بے ہودہ باتیں) کرنے والے پر جنت حرام ہے۔"[2]

سوال: بُزُرگانِ دین کو جب کوئی گالی دیتا تو وہ اس کے ساتھ کیا سلوک کرتے تھے؟

جواب: بُزُرگانِ دین کو جب کوئی گالیاں دیتا تو وہ غصہ نہ کرتے بلکہ اس کے لئے دعائے خیر فرماتے اور حسن اخلاق کا مظاہرہ کرتے۔

پیارے مَدَنی مُنّو! بدقسمتی سے آج کل ہمارا معاملہ بالکل الٹ نظر آتا ہے آج اگر ہمیں کوئی برا بھلا کہہ دے تو ہم غصے سے لال پیلے ہو جاتے ہیں اور خوب اَوْل فَوْل بکتے ہیں بلکہ بسا اوقات نوبت لڑائی جھگڑے تک جا پہنچتی ہے۔ **اے کاش!** ان بُزُرگانِ دین کے طُفیل ہم سراپا اخلاق

---

[1] ……سنن الترمذی، کتاب الزھد، باب ما جاء فی حفظ اللسان، الحدیث: ۲۴۱۴، ج ۴، ص ۱۸۲

[2] ……موسوعۃ الامام ابن ابی الدنیا، الصمت وآداب اللسان، الحدیث: ۳۲۵، ج ۷، ص ۲۰۴

بن جائیں اپنی ذات کے لئے غصہ کرنے اور گالیاں دینے کی عادت ختم ہوجائے اور ہمیشہ نرمی سے کام لیں کیوں کہ ؎

ہے فلاح و کامرانی نرمی و آسانی میں
ہر بنا کام بگڑ جاتا ہے نادانی میں

سوال: گالی دینے کا شرعی حکم کیا ہے؟

جواب: گالی دینا ناجائز و گناہ ہے۔

سوال: لڑائی جھگڑے میں گالیاں دینا کیسا ہے؟

جواب: لڑائی جھگڑے میں گالیاں دینا مُنافِق کی علامت ہے۔

سوال: بعض بچے جب آپس میں لڑ پڑیں تو ایک دوسرے پر لَعْنَت بھیجتے ہیں اس کے مُتَعَلِّق کیا حکم ہے؟

جواب: اَوّل تو لڑنا جھگڑنا بہُت بُری بات ہے اور پھر کسی مسلمان پر لَعْنَت بھیجنا ناجائز و گناہ ہے حدیث پاک میں ہے کہ مومن پر لَعْنَت بھیجنا، اسے قتل کرنے کی طرح ہے۔ [1]

سوال: کیا گالیاں دینے، بے حیائی و بے شرمی کی باتیں کرنے سے دل سخت ہوجاتا ہے؟

جواب: جی ہاں! گالیاں بکنے، بے حیائی و بے شرمی کی باتیں کرنے سے دل سخت ہوجاتا ہے اور بدن سست رہتا ہے، نیز رزق میں تنگی ہوتی ہے۔

سوال: بعض لوگ زمانے کو بُرا بھلا کہتے ہیں اس کے بارے میں کیا حکم ہے؟

جواب: زمانے کو بُرا کہنا ایسا ہے جیسے **اللہ** عَزَّوَجَلَّ کو بُرا کہنا۔ لہٰذا زمانے کو بُرا نہیں کہنا چاہیے۔

---

[1] ......المعجم الکبیر، الحدیث: ۱۳۳۰، ج ۲، ص ۷۳

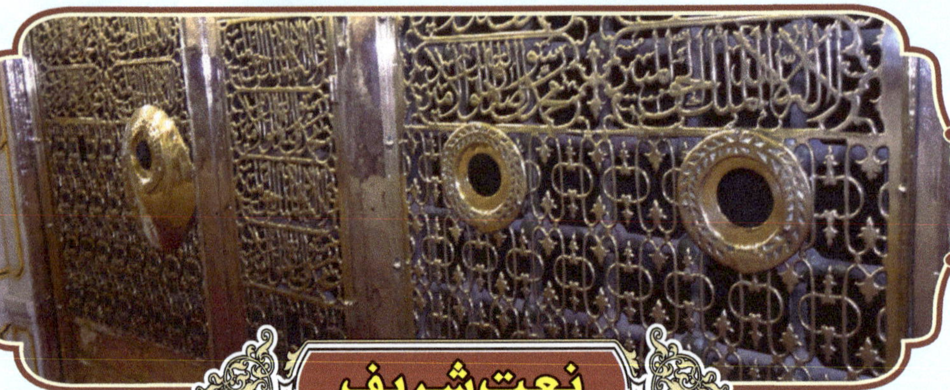

نعت شریف

قسمت میری چمکائیے

قسمت میری چمکائیے چمکائیے آقا
مجھ کو بھی درِ پاک پہ بلوائیے آقا

سینے میں ہو کعبہ تو بسے دل میں مدینہ
آنکھوں میں میری آپ سما جائیے آقا

بے تاب ہوں بے چین ہوں دیدار کی خاطر
تڑپائیں نہ اب خواب میں آجائیے آقا

ہر سمت سے آفات و بلیات نے گھیرا
مجبور کی امداد کو اب آئیے آقا

سکرات کا عالَم ہے شہا دم ہے لبوں پر
تشریف سرہانے مرے اب لائیے آقا

وحشت ہے اندھیرا ہے میری قبر کے اندر
آ کر ذرا روشن اسے فرمائیے آقا

مجرم کو لیے جاتے ہیں اب سوئے جہنّم
لِلّٰہ! شفاعت مری فرمائیے آقا

عطّار پر ہو بحرِ رضا اتنی عنایت
ویرانۂ دل آ کے بسا جائیے آقا

مَدَنی ماہ

مُبارَک اسلامی مہینے

{1}...... مُحَرَّمُ الْحَرام

محرم الحرام اسلامی سال کا پہلا مہینہ ہے اور اس ماہِ مُبارَک کو بہُت سی نسبتیں حاصل ہیں اس ماہ کی دس تاریخ کو یوم عاشورہ کہتے ہیں۔ یہ دن نواسۂ رسول، مظلوم کربلا، امام عالی مقام سیدنا امام حسین رَضِیَ اللّٰہُ تَعَالٰی عَنْہ کا یوم شہادت ہے۔ آپ رَضِیَ اللّٰہُ تَعَالٰی عَنْہ کو 10 محرم الحرام 61ھ کو میدانِ کربلا میں آپ کے رُفقا سمیت شہید کر دیا گیا۔ دنیا بھر میں عاشقانِ رسول شبِ عاشورہ کو آپ رَضِیَ اللّٰہُ تَعَالٰی عَنْہ کے ایصالِ ثواب کے لئے اجتماعِ ذکر و نعت کا انعقاد کرتے ہیں اور نیاز وغیرہ کا بھی اہتمام کرتے ہیں۔

{2}...... صَفَرُ الْمُظَفَّر

25 صفر المظفر کو عاشقانِ رسول دنیا بھر میں عقیدت و احترام سے سرکارِ اعلیٰ حضرت، امام اہلسنّت، مجدّدِ دین و ملت، امام احمد رضا خان عَلَیْہِ رَحمَۃُ الرَّحْمٰن کا عُرس مناتے ہیں۔ اور 28 تاریخ کو حضرت سیدنا مُجدِّدِ اَلفِ ثانی قُدِّسَ سِرُّہُ النُّوْرَانِی کا عُرس منایا جاتا ہے۔

{3}...... رَبِیْعُ الْاَوَّل (رَبِیْعُ النُّور)

اَلْحَمْدُ لِلّٰہ عَزَّوَجَلَّ 12 ربیع الاوّل کو سرکارِ مدینہ، قرارِ قلب و سینہ صَلَّی اللّٰہُ تَعَالٰی عَلَیْہِ وَاٰلِہٖ وَسَلَّم اس دنیا میں جلوہ گر ہوئے، دنیا بھر میں عاشقانِ

رسول اس دن مَدَنی جُلوس میں شرکت کرتے ہیں اور بارہویں شب اجتماعِ میلاد میں شرکت کر کے صبح صادق کے وقت صبح بہاراں کا اشکبار آنکھوں سے استقبال کرتے ہیں۔

{4}......رَبِیْعُ الثَّانی (رَبِیْعُ الغَوْث)

اس مبارک مہینے کو سرکارِ بغداد، حضور غوثِ پاک سیدنا عبدالقادر جیلانی رَضِیَ اللہُ تَعَالٰی عَنْہ سے نسبت حاصل ہے۔ 11ویں شب کو عاشقانِ رسول سیدنا غوثِ پاک رَضِیَ اللہُ تَعَالٰی عَنْہ کے ایصالِ ثواب اور لنگرِ غوثیہ کا اہتمام فرماتے ہیں۔ سرکارِ بغداد رَضِیَ اللہُ تَعَالٰی عَنْہ کا مزارِ مبارک بغدادِ معلّٰی (عراق) میں واقع ہے۔

{5}......جُمَادَی الْاُوْلٰی

7 جمادی الاولیٰ کو عاشقانِ رسول حضرت سیدنا شاہ رکن عالم عَلَیْہِ رَحمَۃُ اللہِ الْاَکْرَم کا اور 17 کو شہزادۂ اعلیٰ حضرت حضرت سیدنا حامد رضا خان عَلَیْہِ رَحمَۃُ اللہِ الْحَنَّان کا عرس مبارک انتہائی عقیدت و احترام سے مناتے ہیں۔

{6}......جُمَادَی الْاُخْرٰی

22 جمادی الاخریٰ کو عاشق اکبر امیر المومنین حضرت سیدنا صدیق اکبر رَضِیَ اللہُ تَعَالٰی عَنْہ نے اس جہانِ فانی سے کوچ فرمایا، اس دن عاشقانِ رسول آپ رَضِیَ اللہُ تَعَالٰی عَنْہ کی یاد میں ایصالِ ثواب کا خوب اہتمام فرماتے ہیں۔

(7)...... رَجَبُ الْمُرَجَّب

رجب المرجب کی 27 ویں شب کو ہمارے پیارے آقا صَلَّی اللّٰہُ تَعَالٰی عَلَیْہِ وَاٰلِہٖ وَسَلَّم آسمانوں کی سیر کو تشریف لے گئے اور اپنے ربّ عَزَّوَجَلَّ کا بھی سر کی آنکھوں سے دیدار کیا۔اس شب کو شب معراج کہتے ہیں اور یہ انتہائی مُقدّس رات ہے۔

(8)...... شَعْبَانُ الْمُعَظَّم

شعبان المعظم کے بارے میں مکی مدنی سرکار صَلَّی اللّٰہُ تَعَالٰی عَلَیْہِ وَاٰلِہٖ وَسَلَّم نے ارشاد فرمایا کہ یہ میرا مہینہ ہے اس مبارک ماہ کی 15 ویں شب کو شب براءت کہتے ہیں ۔ اللہ عَزَّوَجَلَّ اس شب میں تجلّی فرماتا ہے اور جو توبہ کرتے ہیں ان کو بخش دیتا ہے اور جو رحمت طلب کرتے ہیں ان پر رحم فرماتا ہے لہٰذا اس شب آتش بازی و دیگر حرام کاموں سے بچنا چاہئے اور خوب عبادت کر کے اپنے ربّ کو راضی کرنا چاہئے۔

(9)...... رَمَضَانُ الْمُبَارَک

رمضان المبارک کو اللہ کا مہینہ کہا جاتا ہے اور اس میں روزے رکھے جاتے ہیں ۔ ماہِ رمضان کے فیضان کے کیا کہنے! اس کی تو ہر گھڑی رحمت بھری ہے ۔ اس مہینے میں اجر و ثواب بہت ہی بڑھ جاتا ہے ۔ نَفْل کا ثواب فَرض کے برابر اور فَرض کا ثواب 70 گنا کر دیا جاتا ہے بلکہ اس مہینے میں تو روزہ دار کا سونا بھی عبادت میں شمار کیا جاتا ہے۔

{10}...... شَوَّالُ الْمُکَرَّم

یکم شوال المکرم کو دنیا بھر میں عاشقانِ رسول عید الفطر مناتے ہیں۔ اس دن کے بہت سے فضائل ہیں، لہٰذا اس دن کو غفلت میں گزارنے کے بجائے عبادت میں گزارنا چاہیے۔

{11}...... ذُوالْقَعْدَۃِ الْحَرَام

ذوالقعدۃ الحرام کی 20 تاریخ کو عاشقانِ رسول باب المدینہ کراچی میں حضرت سیدنا عبد اللہ شاہ غازی رَحْمَۃُ اللہِ تَعَالٰی عَلَیْہ کا عرس مُبارک بڑے اہتمام سے مناتے ہیں۔ اور 29 تاریخ کو اعلیٰ حضرت کے والد ماجد حضرت سیدنا مولانا نقی علی خان عَلَیْہِ رَحْمَۃُ الرَّحْمٰن کے عرس مُبارک کی تقریبات دنیا بھر میں منعقد کی جاتی ہیں۔

{12}...... ذُوالْحِجَّۃِ الْحَرَام

10 ذوالحجۃ الحرام کو عید الاضحی مذہبی جوش و جذبے سے منائی جاتی ہے، اس موقع پر عاشقانِ رسول قربانی کا اہتمام بھی کرتے ہیں نیز حج جیسا اہم فریضہ بھی اسی ماہِ مُبارک میں ادا کیا جاتا ہے۔

بانیٔ دعوتِ اسلامی امیرِ اہلسنت دَامَتۡ بَرَکَاتُہُمُ الۡعَالِیَہ

اس پُرفِتَن دور (یعنی پندرھویں صدی ہجری) میں کہ جب دنیا بھر میں گناہوں کی یَلْغار مسلمانوں کی اکثریت کو بے عَمَل بنا چکی تھی، مسجدیں ویران اور گناہوں کے اڈے آباد ہوئے چلے جا رہے تھے ان نازک حالات میں **اللہ** عَزَّوَجَلَّ نے اپنے ایک ولیٔ کامل کو پیارے آقا صَلَّی اللہُ تَعَالٰی عَلَیْہِ وَاٰلِہٖ وَسَلَّم کی دکھیاری اُمت کی اصلاح کے لئے منتخب فرمایا جنہیں دنیا **امیرِ اہلِ سنّت** دَامَتۡ بَرَکَاتُہُمُ الۡعَالِیَہ کے نام سے پکارتی ہے۔

آپ کی حیاتِ مبارکہ کی چند جھلکیاں

سوال شیخِ طریقت، امیرِ اہلِ سنّت دَامَتۡ بَرَکَاتُہُمُ الۡعَالِیَہ کا نام مبارک کیا ہے؟

جواب آپ کا نام مبارک ''**مُحَمَّد**'' اور عرفی نام ''**اِلیاس**'' ہے آپ کی کنیت ''**ابوبلال**'' اور تخلّص ''**عطّار**'' ہے چنانچہ مکمل نام اس طرح ہے: ''**ابو بلال محمد الیاس عطّار**'' قادری رضوی ضیائی دَامَتۡ بَرَکَاتُہُمُ الۡعَالِیَہ۔

سوال شیخِ طریقت، امیرِ اہلِ سنّت دَامَتۡ بَرَکَاتُہُمُ الۡعَالِیَہ کی ولادتِ باسعادت کب، کہاں اور کس دن ہوئی؟

جواب 26 رمضان المبارک 1369 سنہ ھ بمطابق 12 جولائی 1950 سنہ ء بروز بدھ، پاکستان کے

مشہور شہر بابُ المدینہ کراچی میں نمازِ مغرب سے کچھ دیر قبل ہوئی۔

سوال شیخِ طریقت، امیر اہل سنّت دَامَتْ بَرَکَاتُہُمُ الْعَالِیَہ کے والد صاحب کا نام کیا ہے؟

جواب شیخِ طریقت، امیرِ اہل سنّت دَامَتْ بَرَکَاتُہُمُ الْعَالِیَہ کے والد بزرگوار کا مبارک نام حاجی عبدالرحمن قادری عَلَیْہِ رَحمَۃُ اللہِ الْقَوِی ہے جو کہ ایک بہت پرہیزگار انسان تھے۔

سوال شیخِ طریقت، امیرِ اہل سنّت دَامَتْ بَرَکَاتُہُمُ الْعَالِیَہ کی والدہ ماجدہ کا نام کیا ہے؟

جواب شیخِ طریقت، امیرِ اہل سنّت دَامَتْ بَرَکَاتُہُمُ الْعَالِیَہ کی والدہ ماجدہ کا نام امینہ رَحمَۃُ اللہِ تَعَالٰی عَلَیْہَا ہے جو ایک نیک اور پرہیزگار خاتون تھیں۔

سوال شیخِ طریقت، امیرِ اہل سنّت دَامَتْ بَرَکَاتُہُمُ الْعَالِیَہ نے اصلاحِ اُمّت کے جذبے کے تحت کس عظیم الشان مدنی تحریک کی بنیاد رکھی؟

جواب آپ دَامَتْ بَرَکَاتُہُمُ الْعَالِیَہ نے تبلیغ قرآن وسنت کی عالمگیر غیر سیاسی تحریک ''دعوتِ اسلامی'' کی بنیاد رکھی اور اسے اپنی شب و روز کی محنت اور خونِ جگر سے پروان چڑھایا۔

سوال شیخِ طریقت، امیرِ اہل سنّت دَامَتْ بَرَکَاتُہُمُ الْعَالِیَہ نے ہمیں کیا مدنی مقصد عطا فرمایا؟

جواب آپ دَامَتْ بَرَکَاتُہُمُ الْعَالِیَہ نے ہمیں یہ مدنی مقصد عطا فرمایا: ''مجھے اپنی اور ساری دنیا کے لوگوں کی اصلاح کی کوشش کرنی ہے'' اِنْ شَآءَ اللہ عَزَّوَجَلَّ

منقبتِ عطّار

سنت کو پھیلایا ہے امیرِ اہلسنّت نے
بدعت کو مٹایا ہے امیر اہلسنّت نے
ہزاروں گم رہوں کو وعظ اور تحریر سے اپنی
رہِ جنت دکھایا ہے امیر اہلسنّت نے
کرا کر بہت سے کُفّار و فُجّار سے توبہ
جہنم سے بچایا ہے امیر اہلسنّت نے
ہزاروں عاشقانِ لندن و پیرس کو دیوانہ
مدینے کا بنایا ہے امیر اہلسنّت نے
لاکھوں فیشنی چہروں کو داڑھی اور سروں کو بھی
عمامہ سے سجایا ہے امیر اہلسنّت نے
وہ فیضانِ مدینہ رات دن تقسیم کرتا ہے
جسے مرکز بنایا ہے امیر اہلسنّت نے
بہت محنت لگن سے اپنے پیارے دین کا ڈنکا
دنیا میں بجایا ہے امیر اہلسنّت نے
الٰہی پھولتا پھلتا رہے روزِ حشر تک یہ
گلستاں جو لگایا ہے امیر اہلسنّت نے
اس ناکارہ عائذ کو خلوص اپنے کی شمع کا
پروانہ بنایا ہے امیر اہلسنّت نے

اوراد و وظائف

{1}...... **یَاقَادِرُ :** جو وُضو کے دوران ہر عُضْو دھوتے ہوئے پڑھنے کا معمول بنا لے اِنْ شَآءَ اللّٰہ عَزَّوَجَلَّ دشمن اس کو اِغْوا نہیں کر سکے گا۔

{2}...... **یَامُحْیِیُ، یَامُمِیْتُ:** 7 بار روزانہ پڑھ کر اپنے اوپر دم کر لیا کیجئے اِنْ شَآءَ اللّٰہ عَزَّوَجَلَّ جادُو اثر نہیں کرے گا۔

{3}...... **یَامَاجِدُ:** 10 بار پڑھ کر شربت وغیرہ پر دم کر کے جو پی لیا کرے اِنْ شَآءَ اللّٰہ عَزَّوَجَلَّ بیمار نہ ہو گا۔

{4}...... **یَاوَاجِدُ:** جو کوئی کھانا کھاتے وقت ہر نوالہ پر پڑھا کرے گا اِنْ شَآءَ اللّٰہ عَزَّوَجَلَّ وہ کھانا اُس کے پیٹ میں نور ہو گا اور بیماری دور ہو گی۔

دُرُودِ رَضَویہ شریف

صَلَّی اللّٰہُ عَلَی النَّبِیِّ الْاُمِّیِّ وَاٰلِہٖ صَلَّی اللّٰہُ عَلَیْہِ وَسَلَّمْ
صَلٰوۃً وَّسَلَامًا عَلَیْكَ یَارَسُوْلَ اللّٰہِ [1]

یہ دُرُود شریف ہر نماز کے بعد خُصوصاً بعد نمازِ جُمُعہ مدینہ مُنوَّرہ کی جانب منہ کر کے سو مرتبہ پڑھنے سے بے شمار فضائل و برکات حاصل ہوتے ہیں۔

(پاک و ہند میں کعبہ شریف کی طرف رخ کرنے سے مدینہ مُنوَّرہ کی طرف بھی منہ ہو جاتا ہے)

[1] ......الوظیفة الکریمة، ص ۴۰

منقبتِ غوثِ اعظم

یا غوث ! بلاؤ مجھے بغداد بلاؤ
بغداد بلا کر مجھے جلوہ بھی دکھاؤ

دنیا کی محبت سے مری جان چھڑاؤ
دیوانہ مجھے شاہِ مدینہ کا بناؤ

چمکا دو ستارہ مری تقدیر کا مُرشِد
مدفن کو مدینے میں جگہ مجھ کو دلاؤ

نیّا مری منجدھار میں سرکار پھنسی ہے
امداد کو آؤ مری امداد کو آؤ

ہوں بہر علی مشکلیں آسان ہماری
آفات و بلّیات سے یاغوث! بچاؤ

یا پیر ! میں عصیاں کے سمندر میں ہوں غلطاں
للّٰہ گناہوں کی تباہی سے بچاؤ

اچھوں کے خریدار تو ہر جا پہ ہیں مُرشِد
بدکار کہاں جائیں جو تم بھی نہ نبھاؤ

احکام شریعت رہیں ملحوظ ہمیشہ
مُرشِد مجھے سنت کا بھی پابند بناؤ

عطّار کو ہر ایک نے دُھتکار دیا ہے
یا غوث ! اسے دامن رحمت میں چھپاؤ

بندگی کی حقیقت

بندگی تین چیزوں کا نام ہے: (۱) اَحکامِ شریعت کی پابندی کرنا (۲) اللّٰہ عَزَّوَجَلَّ کی طرف سے مقرر کردہ قضاوقدر اور تقسیم پر راضی رہنا۔ (۳) اللّٰہ عَزَّوَجَلَّ کی رضا کے لیے اپنے نفس کی خواہشات کو قربان کردینا۔ (بیٹے کو وصیت، ص ۳۷)

یاربّ محمد میری تقدیر جگا دے [1]

یا ربّ محمد ! میری تقدیر جگا دے
صحرائے مدینہ مجھے آنکھوں سے دکھا دے

پیچھا مرا دنیا کی محبت سے چھڑا دے
یا ربّ ! مجھے دیوانہ مدینے کا بنا دے

روتا ہوا جس دم میں درِ یار پہ پہنچوں
اس وقت مجھے جلوۂ محبوب دکھا دے

دل عشقِ محمد میں تڑپتا رہے ہر دم
سینے کو مدینہ میرے اللہ بنا دے

[1] ......وسائل بخشش، ص۵۸

بہتی رہے ہر وقت جو سرکار کے غم میں
روتی ہوئی وہ آنکھ مجھے میرے خدا دے

ایمان پہ دے موت مدینے کی گلی میں
مدفن مرا محبوب کے قدموں میں بنا دے

ہو بہرِ ضیا نظر کرم سوئے گناہگار
جنت میں پڑوسی مجھے آقا کا بنا دے

دیتا ہوں تجھے واسطہ میں پیارے نبی کا
اُمت کو خدایا رہِ سنّت پہ چلا دے

عطّار سے محبوب کی سنّت کی لے خدمت
ڈنکا یہ ترے دین کا دنیا میں بجا دے

اللہ ملے حج کی اسی سال سعادت
عطّار کو پھر روضۂ محبوب دکھا دے

اپنے علم پر عمل کی برکت

شہنشاہِ مدینہ، قرارِ قلب وسینہ صَلَّی اللہُ تَعَالٰی عَلَیْہِ وَاٰلِہٖ وَسَلَّم کا فرمانِ خُوشبُودار ہے: مَنْ عَمِلَ بِمَا عَلِمَ وَرَّثَہُ اللہُ عِلْمَ مَا لَمْ یَعْلَمْ جس نے اپنے علم پر عمل کیا اللہ عَزَّوَجَلَّ اسے ایسا علم عطا فرمائے گا جو وہ پہلے نہ جانتا تھا۔

(حلیۃ الاولیاء، الرقم ۴۵۵ احمد بن ابی الحواری، الحدیث ۱۴۳۲۰، ج ۱۰، ص ۱۳)

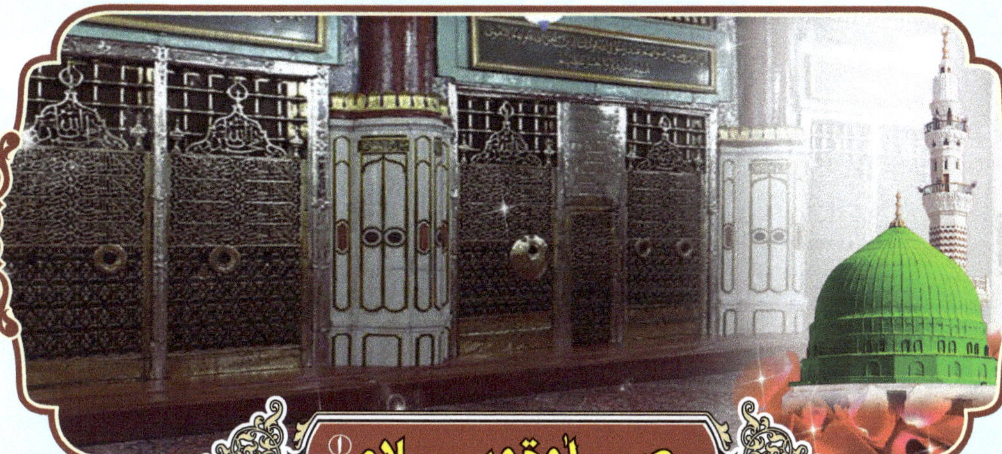

صلوٰۃ وسلام [1]

تاجدارِ حرم اے شہنشاہِ دین — تم پہ ہردم کروڑوں درود و سلام
ہو نگاہِ کرم مجھ پہ سلطانِ دین — تم پہ ہردم کروڑوں درود و سلام
دور رہ کر نہ دم ٹوٹ جائے کہیں — کاش طیبہ میں اے میرے ماہِ مبیں
دفن ہونے کو مل جائے دو گز زمیں — تم پہ ہر دم کروڑوں درود و سلام
کوئی حُسنِ عَمَل پاس میرے نہیں — پھنس نہ جاؤں قیامت میں مولیٰ کہیں
اے شفیعِ اُمَم! لاج رکھنا تمہیں — تم پہ ہر دم کروڑوں درود و سلام
دونوں عالَم میں کوئی تم سا نہیں — سب حسینوں سے بڑھ کر تم ہو حسیں
قاسم رزق ربُّ العلیٰ ہو تمہیں — تم پہ ہر دم کروڑوں درود و سلام
فکر اُمت میں راتوں کو روتے رہے — عاصیوں کے گناہوں کو دھوتے رہے

---

[1] ......وسائل بخشش، ص ۵۸۶ تا ۵۸۷

تم پہ قربان جاؤں مرے مہ جبیں ۔۔۔ تم پہ ہر دم کروڑوں درود و سلام

پھول رحمت کے ہر دم لٹاتے رہے ۔۔۔ یاں غریبوں کی بگڑی بناتے رہے

حوضِ کوثر پہ نہ بھول جانا کہیں ۔۔۔ تم پہ ہر دم کروڑوں درود و سلام

ظلم کفار کے ہنس کے سہتے رہے ۔۔۔ پھر بھی ہر آن حق بات کہتے رہے

کتنی محنت سے کی تم نے تبلیغِ دیں ۔۔۔ تم پہ ہر دم کروڑوں درود و سلام

موت کے وقت کر دو نگاہِ کرم ۔۔۔ کاش! اس شان سے یہ نکل جائے دم

سنگِ در پر تمہارے ہو میری جبیں ۔۔۔ تم پہ ہر دم کروڑوں درود و سلام

اب مدینے میں ہم کو بلا لیجئے ۔۔۔ اور سینہ مدینہ بنا دیجئے

از پئے غوثِ اعظم امامِ مبیں ۔۔۔ تم پہ ہر دم کروڑوں درود و سلام

عشق سے تیرے معمور سینہ رہے ۔۔۔ لب پہ ہر دم مدینہ مدینہ رہے

بس میں دیوانہ بن جاؤں سلطانِ دیں ۔۔۔ تم پہ ہر دم کروڑوں درود و سلام

دور ہو جائیں دنیا کے رنج و اَلم ۔۔۔ ہو عطا اپنا غم دیجئے چشمِ نم

مال و دولت کی کوئی تمنا نہیں ۔۔۔ تم پہ ہر دم کروڑوں درود و سلام

اب بلا لو مدینے میں عطّار کو ۔۔۔ اپنے قدموں میں رکھ لو گناہگار کو

کوئی اس کے سوا آرزو ہی نہیں ۔۔۔ تم پہ ہر دم کروڑوں درود و سلام

پیارے مَدَنی مُنّو! دعا مانگنا بہُت بڑی سعادت ہے۔ قرآن واَحادیثِ مُبارکہ میں جگہ جگہ دعا مانگنے کی ترغیب دلائی گئی ہے۔ ایک حدیثِ پاک میں ہے: ''کیا تمہیں وہ چیز نہ بتاؤں جو تمہیں تمہارے دشمن سے نجات دے اور تمہارا رزق وسیع کردے، رات دن **اللہ** عَزَّوَجَلَّ سے دعا مانگتے رہو کہ دعا مومن کا ہتھیار ہے۔'' (۱)

محبوبِ ربُّ العزت صَلَّی اللّٰہُ تَعَالٰی عَلَیْہِ وَاٰلِہٖ وَسَلَّم کا فرمانِ عظمت نشان ہے کہ **اللہ** عَزَّوَجَلَّ کے نزدیک دعا سے بڑھ کر کوئی شے نہیں۔ (۲)

---

[۱]......مسند ابی یعلٰي، الحدیث: ۱۸۰٦، ج ۲، ص ۲۰۱

[۲]......سنن الترمذی، کتاب الدعوات، الحدیث: ۳۳۸۱، ج ۵، ص ۲۴۳

ماخذو مراجع

1	قرآن مجید کلام باری تعالیٰ	ضیاء القران پبلی کیشنز لاہور	
2	کنزالایمان فی ترجمۃ القرآن	اعلیٰ حضرت امام احمد رضاخان متوفی ۱۳۴۰ھ	ضیاء القران پبلی کیشنز لاہور
3	انوارالتنزیل واسرارالتاویل	ناصر الدین عبداللہ ابوعمر بن محمد شیرازی بیضاوی متوفی ۶۹۱ھ	دارلفکر بیروت
4	الجامع الاحکام القرآن تفسیر قرطبی	امام محمد بن احمد القرطبی متوفی ۶۷۱ھ	دارالفکر بیروت
6	صحیح البخاری	امام محمد اسماعیل بخاری متوفی ۲۵۶ھ	دارالکتب العلمیۃ بیروت
7	صحیح مسلم	امام مسلم بن حجاج بن مسلم القشیری متوفی ۲۶۱ھ	دارابن حزم بیروت
8	سُنن الترمذی	امام ابوعیسی محمد بن عیسی الترمذی متوفی ۲۷۹ھ	داراحیاء التراث العربی
9	سنن ابی داود	امام ابوداؤد سلیمان بن اشعث متوفی ۲۷۵ھ	داراحیاء الثرات العربی
10	سنن ابن ماجه	امام ابوعبداللہ محمد بن یزید القزوینی متوفی ۲۷۳ھ	دارالفکر بیروت
11	المسند لابی یعلٰی	شیخ الاسلام ابویعلی احمد الموصلی متوفی ۳۰۷ھ	دارالکتب العلمیه بیروت
12	المعجم الکبیر	امام سلیمان احمد طبرانی متوفی ۳۶۰ھ	داراحیاء التراث العربی
13	المعجم الاوسط	امام سلیمان احمد طبرانی متوفی ۳۶۰ھ	دارالکتب العلمیه بیروت
14	ابن ابی الدنیا	امام ابوبکر عبداللہ بن محمد القرشی متوفی ۲۸۱ھ	دارالکتب العلمیۃ بیروت
15	مجمع الزوائد	حافظ نورالدین علی بن ابوبکر هیثمی متوفی ۸۰۷ھ	دارالفکر بیروت
16	المصنف لابن ابی شیبه	امام عبداللہ بن محمد ابی شیبه متوفی ۲۳۵ھ	دارالفکر بیروت
17	کنزالعمال	علامه علاء الدین علی المتقی الهندی متوفی ۹۷۵ھ	دارالکتب العلمیه بیروت
18	تاریخ بغداد	حافظ ابوبکر احمد بن علی الخطیب البغدادی متوفی ۴۶۳ھ	دارالکتب العلمیه بیروت
19	بہارشریعت	صدرالشریعه مفتی امجد علی اعظمی متوفی ۱۳۷۶ھ	ضیاء القرآن پبلی کیشنز لاہور
20	سنن الکبری للنسائی	امام احمد بن شعیب النسائی متوفی ۳۰۳ھ	دارالکتب العلمیه بیروت
21	مشکوۃ المصابیح	الشیخ محمد بن عبداللہ الخطیب التبریزی متوفی ۷۴۱ھ	دارالکتب العلمیه بیروت
22	مراۃ المناجیح	حکیم الامت مفتی احمد یارخان نعیمی	ضیاء القرآن پبلشز لاہور
23	الشمائل المحمدیۃ	الامام ابوعیسی محمد بن عیسی الترمذی متوفی ۲۷۹ھ	داراحیاء التراث العربی
24	الاصابۃ فی تمییز الصحابۃ	امام حافظ احمد بن علی بن حجر العسقلانی متوفی ۸۵۲ھ	دارالکتب العلمیه
25	الریاض النضرۃ	امام ابوجعفر محب اللہ طبری	دارالکتب العلمیۃ بیروت
26	ازالۃ الخفاء	شاه ولی اللہ محدث دہلوی متوفی ۱۱۷۶ھ	باب المدینه کراچی
27	جامع کرامات الاولیاء	امام یوسف بن اسماعیل نبہانی متوفی ۱۳۵۰ھ	مرکز اہلسنت برکات رضا ہند
28	بہجۃ الاسرار	ابوالحسن نورالدین علی بن یوسف شطنوفی متوفی ۷۱۳ھ	دارالکتب العلمیه بیروت
29	احیاء علوم الدین	امام محمد بن احمد الغزالی متوفی ۵۰۵ھ	دارصادر بیروت
30	فتح القدیر	کمال الدین محمد بن عبدالواحد المعروف باین ہمام متوفی ۶۸۱ھ	کوئٹہ
31	تبیین الحقائق	الامام فخرالدین عثمان بن علی زیلعی حنفی متوفی ۷۴۳ھ	دارالکتب العلمیه بیروت
32	الدرالمختار	علامه علاؤالدین الحصکفی متوفی ۱۰۸۸ھ	دارالمعرفۃ بیروت
33	فتاوی ہندیه	ملا نظام الدین متوفی ۱۱۶۱ھ وعلمائے ہند	کوئٹہ پاکستان
34	الفتاوی الرضویۃ	اعلیحضرت امام احمد رضاخان متوفی ۱۳۴۰ھ	رضافاؤنڈیشن لاہور